Brief an den Vater

Letter to the Father

[Bilingual Edition]

German – English

by Franz Kafka

Translated by Möwenstein

Contents

Kapitel 1

Chapter 1

1.1 Liebster Vater,

Dearest father,

2.1 Du hast mich letzthin einmal gefragt, warum ich behaupte, ich hätte Furcht vor Dir.

You asked me once recently why I said I was afraid of you.

2.2 Ich wußte Dir, wie gewöhnlich, nichts zu antworten, zum Teil eben aus der Furcht, die ich vor Dir habe, zum Teil deshalb, weil zur Begründung dieser Furcht zu viele Einzelheiten gehören, als daß ich sie im Reden halbwegs zusammenhalten könnte.

As usual, I did not know how to answer you, partly because of the fear I have of you, partly because there are too many details to justify this fear for me to be able to hold them together halfway in speech.

Und wenn ich hier versuche, Dir schriftlich zu
antworten, so wird es doch nur sehr unvollständig
sein, weil auch im Schreiben die Furcht und ihre
Folgen mich Dir gegenüber behindern und weil die
Größe des Stoffs über mein Gedächtnis und meinen
Verstand weit hinausgeht.

2.3

And if I try to answer you in writing here, it will only
be very incomplete, because fear and its consequences
also hinder me in writing to you and because the size of
the subject matter goes far beyond my memory and my
understanding.

Dir hat sich die Sache immer sehr einfach dargestellt,
wenigstens soweit Du vor mir und, ohne Auswahl,
vor vielen andern davon gesprochen hast.

3.1

The matter always seemed very simple to you, at least as
far as you spoke of it to me and, without choosing, to many
others.

Es schien Dir etwa so zu sein:

3.2

It seemed to you to be something like this:

Du hast Dein ganzes Leben lang schwer gearbeitet,
alles für Deine Kinder, vor allem für mich geopfert,
ich habe infolgedessen »in Saus und Braus« gelebt,
habe vollständige Freiheit gehabt zu lernen was ich
wollte, habe keinen Anlaß zu Nahrungssorgen, also
zu Sorgen überhaupt gehabt;

3.3

You have worked hard all your life, sacrificed everything
for your children, especially for me, as a result of which
I have lived "in luxury", have had complete freedom to
learn what I wanted, have had no cause for food worries, i.e.
worries at all;

Du hast dafür keine Dankbarkeit verlangt, Du kennst

3.4

you have not demanded any gratitude for this, you know

3.5 »die Dankbarkeit der Kinder«, aber doch wenigstens irgendein Entgegenkommen, Zeichen eines Mitgefühls;

"the gratitude of children", but at least some kind of concession, signs of compassion;

3.6 statt dessen habe ich mich seit jeher vor Dir verkrochen, in mein Zimmer, zu Büchern, zu verrückten Freunden, zu überspannten Ideen;

instead, I have always hid from you, in my room, to books, to crazy friends, to exaggerated ideas;

3.7 offen gesprochen habe ich mit Dir niemals,

I have never spoken to you openly,

3.8 in den Tempel bin ich nicht zu Dir gekommen,

I have never come to you in the temple,

3.9 in Franzensbad habe ich Dich nie besucht,

I have never visited you in Franzensbad,

3.10 auch sonst nie Familiensinn gehabt,

I have never had any sense of family,

3.11 um das Geschäft und Deine sonstigen Angelegenheiten habe ich mich nicht gekümmert,

I have not taken care of the business or your other affairs,

3.12 die Fabrik habe ich Dir aufgehalst und Dich dann verlassen,

I have saddled you with the factory and then left you,

3.13 Ottla habe ich in ihrem Eigensinn unterstützt und während ich für Dich keinen Finger rühre (nicht einmal eine Theaterkarte bringe ich Dir),

I have supported Ottla in her obstinacy and while I do not lift a finger for you (I do not even bring you a theater ticket),

tue ich für Freunde alles. 3.14

I do everything for friends.

Faßt Du Dein Urteil über mich zusammen, so 3.15
ergibt sich, daß Du mir zwar etwas geradezu
Unanständiges oder Böses nicht vorwirfst (mit
Ausnahme vielleicht meiner letzten Heiratsabsicht),
aber Kälte, Fremdheit, Undankbarkeit.

If you summarize your judgment of me, it turns out that
you do not accuse me of anything downright indecent or
evil (with the exception perhaps of my last intention to
marry), but of coldness, strangeness, ingratitude.

Und zwar wirfst Du es mir so vor, als wäre es meine 3.16
Schuld, als hätte ich etwa mit einer Steuerdrehung
das Ganze anders einrichten können, während Du
nicht die geringste Schuld daran hast, es wäre denn
die, daß Du zu gut zu mir gewesen bist.

And you accuse me of it as if it were my fault, as if I could
have arranged the whole thing differently with a turn
of the wheel, while you are not to blame in the slightest,
except that you have been too good to me.

Diese Deine übliche Darstellung halte ich nur so weit 4.1
für richtig, daß auch ich glaube, Du seist gänzlich
schuldlos an unserer Entfremdung.

I consider your usual representation to be correct only to
the extent that I too believe you are entirely blameless for
our alienation.

Aber ebenso gänzlich schuldlos bin auch ich. 4.2

But I am just as completely blameless.

Könnte ich Dich dazu bringen, daß Du das 4.3
anerkennst, dann wäre –

If I could get you to recognize this, then –

4.4 nicht etwa ein neues Leben möglich, dazu sind wir beide viel zu alt, aber doch eine Art Friede, kein Aufhören, aber doch ein Mildern Deiner unaufhörlichen Vorwürfe.

not a new life would be possible, we are both much too old for that, but a kind of peace, not a cessation, but a lessening of your incessant reproaches.

5.1 Irgendeine Ahnung dessen, was ich sagen will, hast Du merkwürdigerweise.

Strangely enough, you have some idea of what I want to say.

5.2 So hast Du mir zum Beispiel vor kurzem gesagt:

For example, you recently said to me:

5.3 »ich habe Dich immer gern gehabt, wenn ich auch äußerlich nicht so zu Dir war wie andere Väter zu sein pflegen, eben deshalb weil ich mich nicht verstellen kann wie andere«.

"I have always liked you, even if I was not outwardly as kind to you as other fathers tend to be, precisely because I cannot pretend like others".

5.4 Nun habe ich, Vater, im ganzen niemals an Deiner Güte mir gegenüber gezweifelt, aber diese Bemerkung halte ich für unrichtig.

Now, Father, on the whole I have never doubted your kindness towards me, but I think this remark is incorrect.

5.5 Du kannst Dich nicht verstellen, das ist richtig, aber nur aus diesem Grunde behaupten wollen, daß die andern Väter sich verstellen, ist entweder bloße, nicht weiter diskutierbare Rechthaberei oder aber –

You can't pretend, that's true, but to claim that the other fathers are pretending for this reason alone is either mere dogmatism that cannot be discussed further or –

und das ist es meiner Meinung nach wirklich –   5.6
and in my opinion it really is –

der verhüllte Ausdruck dafür, daß zwischen   5.7
uns etwas nicht in Ordnung ist und daß Du es
mitverursacht hast, aber ohne Schuld.
the veiled expression of the fact that something is wrong
between us and that you have helped to cause it, but are not
to blame.

Meinst Du das wirklich, dann sind wir einig.   5.8
If you really mean that, then we are in agreement.

Ich sage ja natürlich nicht, daß ich das, was ich bin,   6.1
nur durch Deine Einwirkung geworden bin.
Of course, I am not saying that I have become what I am
only through your influence.

Das wäre sehr übertrieben (und ich neige sogar zu   6.2
dieser Übertreibung).
That would be a great exaggeration (and I even tend to
exaggerate).

Es ist sehr leicht möglich, daß ich, selbst wenn ich   6.3
ganz frei von Deinem Einfluß aufgewachsen wäre,
doch kein Mensch nach Deinem Herzen hätte werden
können.
It is very easily possible that even if I had grown up
completely free of your influence, I could not have become
a man after your own heart.

6.4 Ich wäre wahrscheinlich doch ein schwächlicher, ängstlicher, zögernder, unruhiger Mensch geworden, weder Robert Kafka noch Karl Hermann, aber doch ganz anders, als ich wirklich bin, und wir hätten uns ausgezeichnet miteinander vertragen können.

I would probably have become a weak, timid, hesitant, restless person, neither Robert Kafka nor Karl Hermann, but quite different from what I really am, and we could have gotten along very well together.

6.5 Ich wäre glücklich gewesen, Dich als Freund, als Chef, als Onkel, als Großvater, ja selbst (wenn auch schon zögernder) als Schwiegervater zu haben.

I would have been happy to have you as a friend, as a boss, as an uncle, as a grandfather, even (albeit more hesitantly) as a father-in-law.

6.6 Nur eben als Vater warst Du zu stark für mich, besonders da meine Brüder klein starben, die Schwestern erst lange nachher kamen, ich also den ersten Stoß ganz allein aushalten mußte, dazu war ich viel zu schwach.

But you were too strong for me as a father, especially as my brothers died young and my sisters came long after, so I had to bear the first blow all by myself, and I was far too weak for that.

7.1 Vergleich uns beide:

Compare the two of us:

ich, um es sehr abgekürzt auszudrücken, ein Löwy 7.2
mit einem gewissen Kafkaschen Fond, der aber eben
nicht durch den Kafkaschen Lebens-, Geschäfts-
, Eroberungswillen in Bewegung gesetzt wird,
sondern durch einen Löwy'schen Stachel, der
geheimer, scheuer, in anderer Richtung wirkt und
oft überhaupt aussetzt.

I, to put it very briefly, am a Löwy with a certain Kafka-like
base, which, however, is not set in motion by Kafka's will
to live, to do business, to conquer, but by a Löwy-like
sting that works more secretly, more shyly, in a different
direction and often stops working altogether.

Du dagegen ein wirklicher Kafka an Stärke, 7.3
Gesundheit, Appetit, Stimmkraft, Redebegabung,
Selbstzufriedenheit, Weltüberlegenheit, Ausdauer,
Geistesgegenwart, Menschenkenntnis, einer
gewissen Großzügigkeit, natürlich auch mit allen zu
diesen Vorzügen gehörigen Fehlern und Schwächen,
in welche Dich Dein Temperament und manchmal
Dein Jähzorn hineinhetzen.

You, on the other hand, are a real Kafka in strength, health,
appetite, vocal power, gift of speech, self-satisfaction,
worldly superiority, endurance, presence of mind,
knowledge of human nature, a certain generosity, naturally
also with all the faults and weaknesses belonging to these
qualities, into which your temperament and sometimes
your irascibility rush you.

Nicht ganzer Kafka bist Du vielleicht in Deiner 7.4
allgemeinen Weltansicht, soweit ich Dich mit Onkel
Philipp, Ludwig, Heinrich vergleichen kann.

You are perhaps not quite Kafka in your general view of
the world, as far as I can compare you with Uncle Philipp,
Ludwig, Heinrich.

7.5 Das ist merkwürdig, ich sehe hier auch nicht ganz klar.

That's strange, I can't quite see clearly here either.

7.6 Sie waren doch alle fröhlicher, frischer, ungezwungener, leichtlebiger, weniger streng als Du.

They were all more cheerful, fresher, more relaxed, more easy-going, less strict than you.

7.7 (Darin habe ich übrigens viel von Dir geerbt und das Erbe viel zu gut verwaltet, ohne allerdings die nötigen Gegengewichte in meinem Wesen zu haben, wie Du sie hast.)

(Incidentally, I inherited a lot from you in this respect and managed my inheritance far too well, but without having the necessary counterbalances in my nature that you have).

7.8 Doch hast auch andererseits Du in dieser Hinsicht verschiedene Zeiten durchgemacht, warst vielleicht fröhlicher, ehe Dich Deine Kinder, besonders ich, enttäuschten und zu Hause bedrückten (kamen Fremde, warst Du ja anders) und bist auch jetzt vielleicht wieder fröhlicher geworden, da Dir die Enkel und der Schwiegersohn wieder etwas von jener Wärme geben, die Dir die Kinder, bis auf Valli vielleicht, nicht geben konnten.

But on the other hand, you too have gone through different times in this respect, were perhaps happier before your children, especially me, disappointed you and depressed you at home (when strangers came, you were different) and have perhaps become happier again now that your grandchildren and son-in-law are giving you some of the warmth that your children, apart from Valli perhaps, were unable to give you.

Jedenfalls waren wir so verschieden und in dieser
Verschiedenheit einander so gefährlich, daß, wenn
man es hätte etwa im voraus ausrechnen wollen,
wie ich, das langsam sich entwickelnde Kind, und
Du, der fertige Mann, sich zueinander verhalten
werden, man hätte annehmen können, daß Du mich
einfach niederstampfen wirst, daß nichts von mir
übrigbleibt.

7.9

In any case, we were so different and in this difference so
dangerous to each other that if one had wanted to calculate
in advance how I, the slowly developing child, and you, the
finished man, would relate to each other, one could have
assumed that you would simply crush me, that nothing
would remain of me.

Das ist nun nicht geschehen, das Lebendige läßt
sich nicht ausrechnen, aber vielleicht ist Ärgeres
geschehen.

7.10

That has not happened now, the living cannot be
calculated, but perhaps something worse has happened.

Wobei ich Dich aber immerfort bitte, nicht zu
vergessen, daß ich niemals im entferntesten an eine
Schuld Deinerseits glaube.

7.11

However, I always ask you not to forget that I never
remotely believe in any guilt on your part.

Du wirktest so auf mich, wie Du wirken mußtest, nur
sollst Du aufhören, es für eine besondere Bosheit
meinerseits zu halten, daß ich dieser Wirkung
erlegen bin.

7.12

You had the effect on me that you had to have, only you
should stop thinking it a special malice on my part that I
succumbed to this effect.

Ich war ein ängstliches Kind;

8.1

I was an anxious child;

8.2 **trotzdem war ich gewiß auch störrisch, wie Kinder sind;**

nevertheless I was certainly stubborn, as children are;

8.3 **gewiß verwöhnte mich die Mutter auch, aber ich kann nicht glauben, daß ich besonders schwer lenkbar war, ich kann nicht glauben, daß ein freundliches Wort, ein stilles Bei-der-Hand-Nehmen, ein guter Blick mir nicht alles hätten abfordern können, was man wollte.**

certainly my mother spoiled me, but I cannot believe that I was particularly difficult to control, I cannot believe that a kind word, a quiet holding of the hand, a good look could not have demanded everything I wanted.

8.4 **Nun bist Du ja im Grunde ein gütiger und weicher Mensch (das Folgende wird dem nicht widersprechen, ich rede ja nur von der Erscheinung, in der Du auf das Kind wirktest), aber nicht jedes Kind hat die Ausdauer und Unerschrockenheit, so lange zu suchen, bis es zu der Güte kommt.**

Now you are basically a kind and soft person (the following will not contradict this, I am only talking about the way you appeared to the child), but not every child has the perseverance and fearlessness to search so long until it comes to kindness.

8.5 **Du kannst ein Kind nur so behandeln, wie Du eben selbst geschaffen bist, mit Kraft, Lärm und Jähzorn, und in diesem Falle schien Dir das auch noch überdies deshalb sehr gut geeignet, weil Du einen kräftigen mutigen Jungen in mir aufziehen wolltest.**

You can only treat a child the way you yourself are made, with strength, noise and irascibility, and in this case that also seemed very suitable because you wanted to raise a strong, courageous boy in me.

Deine Erziehungsmittel in den allerersten Jahren kann ich heute natürlich nicht unmittelbar beschreiben, 9.1

Of course I cannot directly describe your means of education in the very early years,

aber ich kann sie mir etwa vorstellen durch Rückschluß aus den späteren Jahren und aus Deiner Behandlung des Felix. 9.2

but I can imagine them by inference from the later years and from your treatment of Felix.

Hiebei kommt verschärfend in Betracht, daß Du damals jünger, daher frischer, wilder, ursprünglicher, noch unbekümmerter warst als heute und daß Du außerdem ganz an das Geschäft gebunden warst, kaum einmal des Tages Dich mir zeigen konntest und deshalb einen um so tieferen Eindruck auf mich machtest, der sich kaum je zur Gewöhnung verflachte. 9.3

This is aggravated by the fact that you were younger then, and therefore fresher, wilder, more original, even more carefree than today, and that you were also completely tied to the business, could hardly show yourself to me once a day and therefore made an even deeper impression on me, which hardly ever flattened into habituation.

Direkt erinnere ich mich nur an einen Vorfall aus den ersten Jahren. 10.1

I only remember one incident directly from the early years.

Du erinnerst Dich vielleicht auch daran. 10.2

You may remember it too.

10.3 Ich winselte einmal in der Nacht immerfort
um Wasser, gewiß nicht aus Durst, sondern
wahrscheinlich teils um zu ärgern, teils um mich
zu unterhalten.

Once I kept whimpering for water in the night, certainly
not out of thirst, but probably partly to annoy me and
partly to amuse me.

10.4 Nachdem einige starke Drohungen nicht geholfen
hatten, nahmst Du mich aus dem Bett, trugst mich
auf die Pawlatsche und ließest mich dort allein vor
der geschlossenen Tür ein Weilchen im Hemd stehn.

After some strong threats had not helped, you took me
out of bed, carried me to the pavilion and left me standing
there alone in front of the closed door for a while in my
shirt.

10.5 Ich will nicht sagen, daß das unrichtig war, vielleicht
war damals die Nachtruhe auf andere Weise wirklich
nicht zu verschaffen, ich will aber damit Deine
Erziehungsmittel und ihre Wirkung auf mich
charakterisieren.

I don't want to say that this was wrong, perhaps there
really was no other way to get a good night's rest at that
time, but I want to characterize your means of education
and their effect on me.

10.6 Ich war damals nachher wohl schon folgsam,

I was probably obedient afterwards,

10.7 aber ich hatte einen inneren Schaden davon.

but I suffered inner damage from it.

Das für mich Selbstverständliche des sinnlosen
Ums-Wasser-Bittens und das außerordentlich
Schreckliche des Hinausgetragenwerdens konnte
ich meiner Natur nach niemals in die richtige
Verbindung bringen.

10.8

I was never able to make the right connection between the
senseless asking for water, which I took for granted, and
the extraordinary horror of being carried out.

Noch nach Jahren litt ich unter der quälenden
Vorstellung, daß der riesige Mann, mein Vater, die
letzte Instanz, fast ohne Grund kommen und mich
in der Nacht aus dem Bett auf die Pawlatsche tragen
konnte und daß ich also ein solches Nichts für ihn
war.

10.9

Even after years I suffered from the agonizing idea that the
huge man, my father, the ultimate authority, could come
almost without reason and carry me out of bed onto the
pavement in the night and that I was such a nothing to him.

Das war damals ein kleiner Anfang nur, aber dieses
mich oft beherrschende Gefühl der Nichtigkeit
(ein in anderer Hinsicht allerdings auch edles und
fruchtbares Gefühl) stammt vielfach von Deinem
Einfluß.

11.1

That was only a small beginning at the time, but this feeling
of nothingness that often dominated me (a noble and
fruitful feeling in other respects, however) often came
from your influence.

11.2 Ich hätte ein wenig Aufmunterung, ein wenig
Freundlichkeit, ein wenig Offenhalten meines Wegs
gebraucht, statt dessen verstelltest Du mir ihn, in der
guten Absicht freilich, daß ich einen anderen Weg
gehen sollte.

I could have used a little encouragement, a little kindness, a
little keeping my path open, but instead you blocked it for
me, with the good intention, of course, that I should take a
different path.

11.3 Aber dazu taugte ich nicht.

But I was no good at that.

11.4 Du muntertest mich zum Beispiel auf, wenn ich
gut salutierte und marschierte, aber ich war kein
künftiger Soldat, oder Du muntertest mich auf, wenn
ich kräftig essen oder sogar Bier dazu trinken konnte,
oder wenn ich unverstandene Lieder nachsingen
oder Deine Lieblingsredensarten Dir nachplappern
konnte, aber nichts davon gehörte zu meiner
Zukunft.

You cheered me up, for example, when I saluted and
marched well, but I was not a future soldier, or you cheered
me up when I could eat heartily or even drink beer with it,
or when I could sing songs I didn't understand or parrot
your favorite sayings, but none of that belonged to my
future.

Und es ist bezeichnend, daß Du selbst heute mich nur dann eigentlich in etwas aufmunterst, wenn Du selbst in Mitleidenschaft gezogen bist, wenn es sich um Dein Selbstgefühl handelt, das ich verletze (zum Beispiel durch meine Heiratsabsicht) oder das in mir verletzt wird (wenn zum Beispiel Pepa mich beschimpft). 11.5

And it's significant that even today you only actually cheer me up about something when you yourself are affected, when it's your sense of self that I'm hurting (for example, by my intention to get married) or that is hurt in me (for example, when Pepa insults me).

Dann werde ich aufgemuntert, an meinen Wert erinnert, auf die Partien hingewiesen, die ich zu machen berechtigt wäre und Pepa wird vollständig verurteilt. 11.6

Then I am cheered up, reminded of my worth, pointed to the games I would be entitled to make and Pepa is completely condemned.

Aber abgesehen davon, daß ich für Aufmunterung in meinem jetzigen Alter schon fast unzugänglich bin, was würde sie mir auch helfen, wenn sie nur dann eintritt, wo es nicht in erster Reihe um mich geht. 11.7

But apart from the fact that I'm almost inaccessible to encouragement at my current age, what good would it do me if it only comes when it's not primarily about me.

Damals und damals überall hätte ich die Aufmunterung gebraucht. 12.1

I would have needed the encouragement then and there.

Ich war ja schon niedergedrückt durch Deine bloße Körperlichkeit. 12.2

I was already depressed by your mere physicality.

12.3 **Ich erinnere mich zum Beispiel daran, wie wir uns öfters zusammen in einer Kabine auszogen.**
I remember, for example, how we often undressed together in a cabin.

12.4 **Ich mager, schwach, schmal, Du stark, groß, breit.**
I was skinny, weak and narrow, you were strong, tall and broad.

12.5 **Schon in der Kabine kam ich mir jämmerlich vor, und zwar nicht nur vor Dir, sondern vor der ganzen Welt, denn Du warst für mich das Maß aller Dinge.**
Even in the cubicle I felt pathetic, not just in front of you, but in front of the whole world, because you were the measure of all things for me.

12.6 **Traten wir dann aber aus der Kabine vor die Leute hinaus,**
But when we stepped out of the cabin in front of the people,

12.7 **ich an Deiner Hand, ein kleines Gerippe, unsicher,**
me holding your hand, a small skeleton, unsteady,

12.8 **bloßfüßig auf den Planken, in Angst vor dem Wasser,**
barefoot on the planks, afraid of the water,

12.9 **unfähig Deine Schwimmbewegungen nachzumachen,**
unable to imitate your swimming movements,

12.10 **die Du mir in guter Absicht,**
which you were always doing for me with good intentions,

12.11 **aber tatsächlich zu meiner tiefen Beschämung immerfort vormachtest,**
but in fact to my deep embarrassment,

dann war ich sehr verzweifelt und alle meine
schlimmen Erfahrungen auf allen Gebieten
stimmten in solchen Augenblicken großartig
zusammen.

12.12

then I was very desperate and all my bad experiences in all
areas came together magnificently at such moments.

Am wohlsten war mir noch, wenn Du Dich
manchmal zuerst auszogst und ich allein in der
Kabine bleiben und die Schande des öffentlichen
Auftretens so lange hinauszögern konnte, bis Du
endlich nachschauen kamst und mich aus der Kabine
triebst.

12.13

I felt best when you sometimes undressed first and I could
stay alone in the cabin and delay the shame of appearing in
public until you finally came to look and drove me out of
the cabin.

Dankbar war ich Dir dafür, daß Du meine Not nicht
zu bemerken schienest, auch war ich stolz auf den
Körper meines Vaters.

12.14

I was grateful to you for not seeming to notice my distress,
and I was proud of my father's body.

Übrigens besteht zwischen uns dieser Unterschied
heute noch ähnlich.

12.15

Incidentally, this difference still exists between us today.

Dem entsprach weiter Deine geistige Oberherrschaft.

13.1

Your spiritual supremacy also corresponded to this.

Du hattest Dich allein durch eigene Kraft so hoch
hinaufgearbeitet,

13.2

You had worked your way up so high through your own
strength alone,

13.3 infolgedessen hattest Du unbeschränktes Vertrauen zu Deiner Meinung.

and as a result you had unlimited confidence in your opinion.

13.4 Das war für mich als Kind nicht einmal so blendend wie später für den heranwachsenden jungen Menschen.

That was not even as dazzling for me as a child as it was later for the growing young person.

13.5 In Deinem Lehnstuhl regiertest Du die Welt.

You ruled the world from your armchair.

13.6 Deine Meinung war richtig, jede andere war verrückt, überspannt, meschugge, nicht normal.

Your opinion was right, every other opinion was crazy, crazy, crazy, not normal.

13.7 Dabei war Dein Selbstvertrauen so groß, daß Du gar nicht konsequent sein mußtest und doch nicht aufhörtest recht zu haben.

Your self-confidence was so great that you didn't have to be consistent and yet you never stopped being right.

13.8 Es konnte auch vorkommen, daß Du in einer Sache gar keine Meinung hattest und infolgedessen alle Meinungen, die hinsichtlich der Sache überhaupt möglich waren, ohne Ausnahme falsch sein mußten.

It could also happen that you had no opinion at all on a matter and as a result all opinions that were possible at all with regard to the matter had to be wrong without exception.

Du konntest zum Beispiel auf die Tschechen   13.9
schimpfen, dann auf die Deutschen, dann auf die
Juden, und zwar nicht nur in Auswahl, sondern in
jeder Hinsicht, und schließlich blieb niemand mehr
übrig außer Dir.

For example, you could rail at the Czechs, then at the
Germans, then at the Jews, and not just in a selection, but
in every respect, and finally there was no one left but you.

Du bekamst für mich das Rätselhafte, das alle   13.10
Tyrannen haben, deren Recht auf ihrer Person, nicht
auf dem Denken begründet ist.

For me, you had that mysterious quality that all tyrants
have, whose right is based on their person, not on their
thinking.

Wenigstens schien es mir so.   13.11

At least that's how it seemed to me.

Nun behieltest Du ja mir gegenüber tatsächlich   14.1
erstaunlich oft recht, im Gespräch war das
selbstverständlich, denn zum Gespräch kam es kaum,
aber auch in Wirklichkeit.

Now you were actually right about me surprisingly often,
in conversation that was self-evident, because there was
hardly any conversation, but also in reality.

Doch war auch das nichts besonders Unbegreifliches: 14.2

But even that was nothing particularly incomprehensible:

Ich stand ja in allem meinem Denken unter Deinem   14.3
schweren Druck, auch in dem Denken, das nicht
mit dem Deinen übereinstimmte und besonders in
diesem.

I was under your heavy pressure in all my thinking, even in
the thinking that did not coincide with yours and especially
in this.

14.4 Alle diese von Dir scheinbar unabhängigen Gedanken waren von Anfang an belastet mit Deinem absprechenden Urteil;

All these thoughts, seemingly independent of you, were burdened from the beginning with your negative judgment;

14.5 bis zur vollständigen und dauernden Ausführung des Gedankens das zu ertragen, war fast unmöglich.

it was almost impossible to bear this until the thought was fully and permanently realized.

14.6 Ich rede hier nicht von irgendwelchen hohen Gedanken,

I am not speaking here of any lofty thoughts,

14.7 sondern von jedem kleinen Unternehmen der Kinderzeit.

but of every little undertaking of childhood.

14.8 Man mußte nur über irgendeine Sache glücklich sein, von ihr erfüllt sein, nach Hause kommen und es aussprechen und die Antwort war ein ironisches Seufzen, ein Kopfschütteln, ein Fingerklopfen auf den Tisch:

You just had to be happy about something, be filled with it, come home and say it and the answer was an ironic sigh, a shake of the head, a tap on the table:

14.9 »Hab auch schon etwas Schöneres gesehn« oder

"I've seen something nicer" or

14.10 »Mir gesagt Deine Sorgen« oder

"I've heard about your worries" or

14.11 »ich hab keinen so geruhten Kopf« oder

"I don't have such a calm head" or

»Kauf Dir was dafür!« oder »Auch ein Ereignis!« 14.12
"Buy yourself something for it!" or "An event too!"

Natürlich konnte man nicht für jede 14.13
Kinderkleinigkeit Begeisterung von Dir verlangen,
Of course,

wenn Du in Sorge und Plage lebtest. 14.14
you couldn't be expected to be enthusiastic about every
little childish thing if you lived in worry and torment.

Darum handelte es sich auch nicht. 14.15
That was not the point.

Es handelte sich vielmehr darum, 14.16
It was rather that you always and always had to cause such
disappointments to the child by virtue of your contrary
nature,

daß Du solche Enttäuschungen dem Kinde immer 14.17
und grundsätzlich bereiten mußtest kraft Deines
gegensätzlichen Wesens,
and that this opposition was constantly intensified by the
accumulation of material,

weiter daß dieser Gegensatz durch Anhäufung des 14.18
Materials sich unaufhörlich verstärkte,
so that it finally asserted itself habitually when you were of
the same opinion as I was,

so daß er sich schließlich auch gewohnheitsmäßig 14.19
geltend machte,
and that finally these disappointments of the child were not
disappointments of ordinary life,

14.20 wenn Du einmal der gleichen Meinung warst wie ich und daß endlich diese Enttäuschungen des Kindes nicht Enttäuschungen des gewöhnlichen Lebens waren,

but,

14.21 sondern,

since it was about your person,

14.22 da es ja um Deine für alles maßgebende Person ging,

which was decisive for everything,

14.23 im Kern trafen.

struck to the core.

14.24 Der Mut, die Entschlossenheit, die Zuversicht, die Freude an dem und jenem hielten nicht bis zum Ende aus, wenn Du dagegen warst oder schon wenn Deine Gegnerschaft bloß angenommen werden konnte;

The courage, the determination, the confidence, the joy in this and that could not endure to the end if you were against it or even if your opposition could merely be accepted;

14.25 und angenommen konnte sie wohl bei fast allem werden, was ich tat.

and it could be accepted in almost everything I did.

Kapitel 2

Chapter 2

1.1 Das bezog sich auf Gedanken so gut wie auf Menschen.

That applied to thoughts as well as to people.

1.2 Es genügte, daß ich an einem Menschen ein wenig Interesse hatte – es geschah ja infolge meines Wesens nicht sehr oft -, daß Du schon ohne jede Rücksicht auf mein Gefühl und ohne Achtung vor meinem Urteil mit Beschimpfung, Verleumdung, Entwürdigung dreinfuhrst.

It was enough that I had a little interest in a person - it didn't happen very often because of my nature - for you to start insulting, slandering and degrading without any consideration for my feelings and without respect for my judgment.

1.3 Unschuldige, kindliche Menschen wie zum Beispiel der jiddische Schauspieler Löwy mußten das büßen.

Innocent, childlike people like the Yiddish actor Löwy, for example, had to pay for it.

Ohne ihn zu kennen, verglichst Du ihn in einer 1.4
schrecklichen Weise, die ich schon vergessen habe,
mit Ungeziefer, und wie so oft für Leute, die mir lieb
waren, hattest Du automatisch das Sprichwort von
den Hunden und Flöhen bei der Hand.

Without knowing him, you compared him to vermin in a
terrible way that I have already forgotten, and as so often
for people who were dear to me, you automatically had the
proverb about dogs and fleas at hand.

An den Schauspieler erinnere ich mich hier 1.5
besonders, weil ich Deine Aussprüche über ihn
damals mir mit der Bemerkung notierte:

I remember the actor in particular because I made a note of
what you said about him back then with the comment:

»So spricht mein Vater über meinen Freund (den er 1.6
gar nicht kennt) nur deshalb, weil er mein Freund ist.

"My father only talks about my friend (whom he doesn't
even know) like that because he is my friend.

Das werde ich ihm immer entgegenhalten können, 1.7
wenn er mir Mangel an kindlicher Liebe und
Dankbarkeit vorwerfen wird.«

I will always be able to say that to him when he accuses me
of lacking childlike love and gratitude."

Unverständlich war mir immer Deine vollständige 1.8
Empfindungslosigkeit dafür, was für Leid und
Schande Du mit Deinen Worten und Urteilen mir
zufügen konntest, es war, als hättest Du keine
Ahnung von Deiner Macht.

I always found your complete insensitivity to the suffering
and shame you could inflict on me with your words and
judgments incomprehensible; it was as if you had no idea of
your power.

1.9 Auch ich habe Dich sicher oft mit Worten gekränkt, aber dann wußte ich es immer, es schmerzte mich, aber ich konnte mich nicht beherrschen, das Wort nicht zurückhalten, ich bereute es schon, während ich es sagte.

I too must have often offended you with words, but then I always knew it, it hurt me, but I couldn't control myself, I couldn't hold back the word, I regretted it even as I said it.

1.10 Du aber schlugst mit Deinen Worten ohneweiters los, niemand tat Dir leid, nicht währenddessen, nicht nachher, man war gegen Dich vollständig wehrlos.

But you struck out with your words without further ado, no one felt sorry for you, not during, not afterwards, they were completely defenceless against you.

2.1 Aber so war Deine ganze Erziehung.

But that was your whole upbringing.

2.2 Du hast, glaube ich, ein Erziehungstalent;

You have, I believe, a talent for education;

2.3 einem Menschen Deiner Art hättest Du durch Erziehung gewiß nützen können;

you could certainly have helped a person of your kind through education;

2.4 er hätte die Vernünftigkeit dessen, was Du ihm sagtest, eingesehn, sich um nichts Weiteres gekümmert und die Sachen ruhig so ausgeführt.

he would have seen the reasonableness of what you told him, would not have cared about anything else and would have carried things out calmly.

Für mich als Kind war aber alles, was Du mir zuriefst, 2.5
geradezu Himmelsgebot, ich vergaß es nie, es blieb
mir das wichtigste Mittel zur Beurteilung der Welt,
vor allem zur Beurteilung Deiner selbst, und da
versagtest Du vollständig.

For me as a child, however, everything you called out to me
was almost a commandment from heaven, I never forgot
it, it remained the most important means for me to judge
the world, above all to judge yourself, and there you failed
completely.

Da ich als Kind hauptsächlich beim Essen mit Dir 2.6
beisammen war,

Since as a child I was mainly together with you at
mealtimes,

war Dein Unterricht zum großen Teil Unterricht im 2.7
richtigen Benehmen bei Tisch.

your lessons were largely lessons in proper behavior at the
table.

Was auf den Tisch kam, mußte aufgegessen, über die 2.8
Güte des Essens durfte nicht gesprochen werden –

What was put on the table had to be eaten, the goodness of
the food was not allowed to be discussed –

Du aber fandest das Essen oft ungenießbar; 2.9
nanntest es

but you often found the food inedible; you called it

»das Fressen« – das »Vieh« (die Köchin) hatte es 2.10
verdorben.

"the food" – the "cattle" (the cook) had spoiled it.

2.11 Weil Du entsprechend Deinem kräftigen Hunger und
Deiner besonderen Vorliebe alles schnell, heiß und
in großen Bissen gegessen hast, mußte sich das Kind
beeilen, düstere Stille war bei Tisch, unterbrochen
von Ermahnungen:

Because you ate everything quickly, hot and in big
bites, according to your strong hunger and your special
preference, the child had to hurry, there was a gloomy
silence at the table, interrupted by admonitions:

2.12 »zuerst iß, dann sprich« oder

"first eat, then speak" or

2.13 »schneller, schneller, schneller« oder »siehst Du,

"faster, faster, faster" or "you see,

2.14 ich habe schon längst aufgegessen«.

I've already eaten up".

2.15 Knochen durfte man nicht zerreißen, Du ja.

You weren't allowed to tear up bones, you were.

2.16 Essig durfte man nicht schlürfen, Du ja.

You weren't allowed to sip vinegar, you were.

2.17 Die Hauptsache war, daß man das Brot gerade
schnitt;

The main thing was to cut the bread straight;

2.18 daß Du das aber mit einem von Sauce triefenden
Messer tatest, war gleichgültig.

but it didn't matter that you did it with a knife dripping
with sauce.

Man mußte achtgeben, daß keine Speisereste auf den
Boden fielen, unter Dir lag schließlich am meisten.

2.19

You had to be careful that no leftovers fell on the floor, after
all, most of the food was underneath you.

Bei Tisch durfte man sich nur mit Essen beschäftigen,
Du aber putztest und schnittest Dir die Nägel,
spitztest Bleistifte, reinigtest mit dem Zahnstocher
die Ohren.

2.20

At the table you were only allowed to deal with food, but
you cleaned and cut your nails, sharpened pencils and
cleaned your ears with a toothpick.

Bitte, Vater, verstehe mich recht, das wären an sich
vollständig unbedeutende Einzelheiten gewesen,
niederdrückend wurden sie für mich erst dadurch,
daß Du, der für mich so ungeheuer maßgebende
Mensch, Dich selbst an die Gebote nicht hieltest, die
Du mir auferlegtest.

2.21

Please, Father, understand me correctly, these would have
been completely insignificant details in themselves, they
only became depressing for me because you, the person
who was so enormously important to me, did not keep the
commandments you imposed on me.

2.22 Dadurch wurde die Welt für mich in drei Teile geteilt, in einen, wo ich, der Sklave, lebte, unter Gesetzen, die nur für mich erfunden waren und denen ich überdies, ich wußte nicht warum, niemals völlig entsprechen konnte, dann in eine zweite Welt, die unendlich von meiner entfernt war, in der Du lebtest, beschäftigt mit der Regierung, mit dem Ausgeben der Befehle und mit dem Ärger wegen deren Nichtbefolgung, und schließlich in eine dritte Welt, wo die übrigen Leute glücklich und frei von Befehlen und Gehorchen lebten.

Thus the world was divided into three parts for me, into one where I, the slave, lived under laws that were invented only for me and which, moreover, I did not know why, I could never fully comply with, then into a second world, infinitely removed from mine, where you lived, busy with the government, with giving orders and with the trouble of not obeying them, and finally into a third world where the rest of the people lived happily and free from orders and obedience.

2.23 Ich war immerfort in Schande, entweder befolgte ich Deine Befehle, das war Schande, denn sie galten ja nur für mich;

I was always in disgrace, either I obeyed your orders, which was disgraceful, because they only applied to me;

2.24 oder ich war trotzig, das war auch Schande, denn wie durfte ich Dir gegenüber trotzig sein, oder ich konnte nicht folgen, weil ich zum Beispiel nicht Deine Kraft, nicht Deinen Appetit, nicht Deine Geschicklichkeit hatte, trotzdem Du es als etwas Selbstverständliches von mir verlangtest;

or I was defiant, which was also disgraceful, because how could I be defiant towards you, or I could not obey because, for example, I did not have your strength, your appetite or your skill, even though you demanded it of me as a matter of course;

das war allerdings die größte Schande. 2.25

that, however, was the greatest disgrace.

In dieser Weise bewegten sich nicht die 2.26
Überlegungen,

It was not the thoughts that moved in this way,

aber das Gefühl des Kindes. 2.27

but the feeling of the child.

Meine damalige Lage wird vielleicht deutlicher, 3.1
wenn ich sie mit der von Felix vergleiche.

My situation at the time may perhaps be clearer if I
compare it with that of Felix.

Auch ihn behandelst Du ja ähnlich, ja wendest sogar 3.2
ein besonders fürchterliches Erziehungsmittel gegen
ihn an, indem Du, wenn er beim Essen etwas Deiner
Meinung nach Unreines macht, Dich nicht damit
begnügst, wie damals zu mir zu sagen: »Du bist ein
großes Schwein«, sondern noch hinzufügst: »ein
echter Hermann« oder »genau, wie Dein Vater«.

You treat him in a similar way, and even use a particularly
terrible means of education against him, in that, if he does
something you consider impure during a meal, you are
not content to say to him, as you did to me, "You are a big
pig," but you also add: "a real Hermann" or "just like your
father".

Nun schadet das aber vielleicht – mehr als »vielleicht« 3.3

But that doesn't really harm Felix – more than "maybe"

kann man nicht sagen – 3.4

can be said –

3.5 dem Felix wirklich nicht wesentlich, denn für ihn bist Du eben nur ein allerdings besonders bedeutender Großvater, aber doch nicht alles, wie Du es für mich gewesen bist, außerdem ist Felix ein ruhiger, schon jetzt gewissermaßen männlicher Charakter, der sich durch eine Donnerstimme vielleicht verblüffen, aber nicht für die Dauer bestimmen läßt, vor allem aber ist er doch nur verhältnismäßig selten mit Dir beisammen, steht ja auch unter anderen Einflüssen, Du bist ihm mehr etwas liebes Kurioses, aus dem er auswählen kann, was er sich nehmen will.

not really harm Felix, because for him you are just a particularly important grandfather, but not everything, as you were for me; Besides, Felix is a calm, already somewhat masculine character who may be amazed by a thundering voice, but not for long; Above all, however, he is only with you relatively rarely, and is also subject to other influences; You are more of a dear curiosity to him, from which he can choose what he wants.

3.6 Mir warst Du nichts Kurioses, ich konnte nicht auswählen, ich mußte alles nehmen.

You were nothing strange to me, I couldn't choose, I had to take everything.

4.1 Und zwar ohne etwas dagegen vorbringen zu können, denn es ist Dir von vornherein nicht möglich, ruhig über eine Sache zu sprechen, mit der Du nicht einverstanden bist oder die bloß nicht von Dir ausgeht;

And that without being able to say anything against it, because from the outset it is not possible for you to speak calmly about a matter with which you do not agree or which merely does not originate with you;

Dein herrisches Temperament läßt das nicht zu. 4.2

your domineering temperament does not allow it.

In den letzten Jahren erklärst Du das durch Deine 4.3
Herznervosität, ich wüßte nicht, daß Du jemals
wesentlich anders gewesen bist, höchstens ist Dir die
Herznervosität ein Mittel zur strengeren Ausübung
der Herrschaft, da der Gedanke daran die letzte
Widerrede im anderen ersticken muß.

In the last few years you have explained this by your
nervousness of heart; I do not know that you have ever
been essentially different; at most, nervousness of heart is a
means for you to exercise your rule more strictly, since the
thought of it must stifle the last objection in the other.

Das ist natürlich kein Vorwurf, nur Feststellung einer 4.4
Tatsache.

Of course, this is not an accusation, just a statement of fact.

Etwa bei Ottla: 4.5

With Ottla, for instance:

»Man kann ja mit ihr gar nicht sprechen, sie springt 4.6
einem gleich ins Gesicht«, pflegst Du zu sagen, aber in
Wirklichkeit springt sie ursprünglich gar nicht;

"You can't talk to her at all, she jumps right in your face,"
you used to say, but in reality she doesn't jump at all
originally;

Du verwechselst die Sache mit der Person; 4.7

you confuse the thing with the person;

die Sache springt Dir ins Gesicht, 4.8

the thing jumps in your face,

4.9 und Du entscheidest sie sofort ohne Anhören der Person;

and you decide it immediately without hearing the person;

4.10 was nachher noch vorgebracht wird, kann Dich nur weiter reizen, niemals überzeugen.

what is brought up afterwards can only irritate you further, never convince you.

4.11 Dann hört man von Dir nur noch: »Mach, was Du willst;

Then all one hears from you is: "Do what you want;

4.12 von mir aus bist Du frei; Du bist großjährig;

you are free as far as I am concerned; you are an adult;

4.13 ich habe Dir keine Ratschläge zu geben«, und alles das mit dem fürchterlichen heiseren Unterton des Zornes und der vollständigen Verurteilung, vor dem ich heute nur deshalb weniger zittere als in der Kinderzeit, weil das ausschließliche Schuldgefühl des Kindes zum Teil ersetzt ist durch den Einblick in unser beider Hilflosigkeit.

I have no advice to give you", and all this with the dreadful hoarse undertone of anger and complete condemnation, before which I tremble less today than when I was a child only because the child's exclusive feeling of guilt has been partly replaced by an insight into the helplessness of both of us.

5.1 Die Unmöglichkeit des ruhigen Verkehrs hatte noch eine weitere eigentlich sehr natürliche Folge:

The impossibility of calm communication had another very natural consequence:

5.2 ich verlernte das Reden.

I lost the ability to talk.

Ich wäre ja wohl auch sonst kein großer Redner geworden,

5.3

I probably wouldn't have become a great orator otherwise,

aber die gewöhnlich fließende menschliche Sprache hätte ich doch beherrscht.

5.4

but I would have mastered the usually fluent human language.

Du hast mir aber schon früh das Wort verboten. Deine Drohung:

5.5

But you forbade me to speak early on. Your threat:

»kein Wort der Widerrede!«

5.6

"Not a word of contradiction!"

und die dazu erhobene Hand begleiten mich schon seit jeher.

5.7

and your raised hand have always been with me.

Ich bekam vor Dir –

5.8

In front of you –

Du bist, sobald es um Deine Dinge geht, ein ausgezeichneter Redner –

5.9

you are an excellent speaker when it comes to your things –

eine stockende, stotternde Art des Sprechens, auch das war Dir noch zu viel, schließlich schwieg ich, zuerst vielleicht aus Trotz, dann, weil ich vor Dir weder denken noch reden konnte.

5.10

I developed a halting, stuttering way of speaking, even that was still too much for you, and finally I kept quiet, at first perhaps out of defiance, then because I could neither think nor speak in front of you.

Und weil Du mein eigentlicher Erzieher warst,

5.11

And because you were my real educator,

5.12 wirkte das überall in meinem Leben nach.

it had an effect everywhere in my life.

5.13 Es ist überhaupt ein merkwürdiger Irrtum, wenn Du glaubst, ich hätte mich Dir nie gefügt.

It's a strange mistake if you think I never gave in to you.

5.14 »Immer alles contra«

"Always everything against"

5.15 ist wirklich nicht mein Lebensgrundsatz Dir gegenüber gewesen,

was really not my life principle towards you,

5.16 wie Du glaubst und mir vorwirfst. Im Gegenteil:

as you believe and accuse me of. On the contrary:

5.17 hätte ich Dir weniger gefolgt,

if I had followed you less,

5.18 Du wärest sicher viel zufriedener mit mir.

you would certainly have been much happier with me.

5.19 Vielmehr haben alle Deine Erziehungsmaßnahmen genau getroffen;

On the contrary, all your educational measures have been spot on;

5.20 keinem Griff bin ich ausgewichen;

I have not avoided any of your grips;

5.21 so wie ich bin,

the way I am (apart from the basics and the influence of life,

bin ich (von den Grundlagen und der Einwirkung   5.22
des Lebens natürlich abgesehen) das Ergebnis Deiner
Erziehung und meiner Folgsamkeit.

of course) is the result of your upbringing and my
obedience.

Daß dieses Ergebnis Dir trotzdem peinlich ist,   5.23
ja daß Du Dich unbewußt weigerst, es als Dein
Erziehungsergebnis anzuerkennen, liegt eben daran,
daß Deine Hand und mein Material einander so
fremd gewesen sind.

That this result is nevertheless embarrassing to you, indeed
that you unconsciously refuse to recognize it as the result
of your upbringing, is precisely because your hand and my
material have been so alien to each other.

Du sagtest: »Kein Wort der Widerrede!«   5.24

You said: "Not a word of contradiction!"

und wolltest damit die Dir unangenehmen   5.25
Gegenkräfte in mir zum Schweigen bringen, diese
Einwirkung war aber für mich zu stark, ich war
zu folgsam, ich verstummte gänzlich, verkroch
mich vor Dir und wagte mich erst zu regen, wenn
ich so weit von Dir entfernt war, daß Deine Macht,
wenigstens direkt, nicht mehr hinreichte.

and thus wanted to silence the opposing forces in me that
were unpleasant to you, but this influence was too strong
for me, I was too obedient, I fell completely silent, hid
from you and only dared to move when I was so far away
from you that your power, at least directly, was no longer
sufficient.

Du aber standst davor, und alles schien Dir wieder   5.26

But you stood in front of me, and everything seemed to be

»contra« zu sein,   5.27

"against" you again,

5.28 während es nur selbstverständliche Folge Deiner Stärke und meiner Schwäche war.

while it was only a natural consequence of your strength and my weakness.

6.1 Deine äußerst wirkungsvollen, wenigstens mir gegenüber niemals versagenden rednerischen Mittel bei der Erziehung waren:

Your extremely effective oratorical means of education, which at least never failed on me, were:

6.2 Schimpfen, Drohen, Ironie, böses Lachen und –

Scolding, threatening, irony, evil laughter and –

6.3 merkwürdigerweise – Selbstbeklagung.

strangely enough – self-accusation.

7.1 Daß Du mich direkt und mit ausdrücklichen Schimpfwörtern beschimpft hättest, kann ich mich nicht erinnern.

I don't remember you insulting me directly and with explicit swear words.

Es war auch nicht nötig, Du hattest so viele andere   7.2
Mittel, auch flogen im Gespräch zu Hause und
besonders im Geschäft die Schimpfwörter rings
um mich in solchen Mengen auf andere nieder, daß
ich als kleiner Junge manchmal davon fast betäubt
war und keinen Grund hatte, sie nicht auch auf mich
zu beziehen, denn die Leute, die Du beschimpftest,
waren gewiß nicht schlechter als ich, und Du warst
gewiß mit ihnen nicht unzufriedener als mit mir.

Nor was it necessary, you had so many other means, and in
conversation at home and especially in the store the swear
words flew all around me in such quantities that as a small
boy I was sometimes almost stunned by them and had
no reason not to refer them to myself, for the people you
insulted were certainly no worse than I was, and you were
certainly no more dissatisfied with them than with me.

Und auch hier war wieder Deine rätselhafte   7.3
Unschuld und Unangreifbarkeit, Du schimpftest,
ohne Dir irgendwelche Bedenken deshalb zu machen,
ja Du verurteiltest das Schimpfen bei anderen und
verbotest es.

And here again was your enigmatic innocence and
unassailability, you scolded without having any qualms
about it, indeed you condemned the scolding of others and
forbade it.

Das Schimpfen verstärktest Du mit Drohen,   8.1

You reinforced the scolding with threats,

und das galt nun auch schon mir.   8.2

and that was now also directed at me.

Schrecklich war mir zum Beispiel dieses: 8.3

For example, it was terrible to hear you say

40

8.4 »ich zerreiße Dich wie einen Fisch«, trotzdem ich ja wußte, daß dem nichts Schlimmeres nachfolgte (als kleines Kind wußte ich das allerdings nicht), aber es entsprach fast meinen Vorstellungen von Deiner Macht, daß Du auch das imstande gewesen wärest.

"I'll tear you apart like a fish", even though I knew that nothing worse would follow (as a small child I didn't know that), but it almost corresponded to my idea of your power that you would have been able to do that too.

8.5 Schrecklich war es auch, wenn Du schreiend um den Tisch herumliefst, um einen zu fassen, offenbar gar nicht fassen wolltest, aber doch so tatest und die Mutter einen schließlich scheinbar rettete.

It was also terrible when you ran around the table screaming to catch someone, obviously not wanting to catch them, but pretending to do so, and the mother finally seemed to save you.

8.6 Wieder hatte man einmal, so schien es dem Kind, das Leben durch Deine Gnade behalten und trug es als Dein unverdientes Geschenk weiter.

Once again, it seemed to the child, you had kept your life by your grace and carried it on as your undeserved gift.

8.7 Hierher gehören auch die Drohungen wegen der Folgen des Ungehorsams.

The threats about the consequences of disobedience also belong here.

Wenn ich etwas zu tun anfing, was Dir nicht gefiel, und Du drohtest mir mit dem Mißerfolg, so war die Ehrfurcht vor Deiner Meinung so groß, daß damit der Mißerfolg, wenn auch vielleicht erst für eine spätere Zeit, unaufhaltsam war.

8.8

If I started to do something that did not please You and You threatened me with failure, the awe of Your opinion was so great that the failure was unstoppable, even if perhaps only for a later time.

Ich verlor das Vertrauen zu eigenem Tun. Ich war unbeständig,

8.9

I lost confidence in my own actions. I was unstable,

zweifelhaft.

8.10

doubtful.

Je älter ich wurde, desto größer war das Material, das Du mir zum Beweis meiner Wertlosigkeit entgegenhalten konntest;

8.11

The older I got, the more material you could hold up to me to prove my worthlessness;

allmählich bekamst Du in gewisser Hinsicht wirklich recht.

8.12

gradually you really were right in certain respects.

Wieder hüte ich mich zu behaupten,

8.13

Again,

daß ich nur durch Dich so wurde;

8.14

I am careful not to claim that I only became that way because of you;

8.15 Du verstärktest nur, was war, aber Du verstärktest es
sehr, weil Du eben mir gegenüber sehr mächtig warst
und alle Macht dazu verwendetest.

you only reinforced what was, but you reinforced it a lot
because you were very powerful towards me and used all
your power to do so.

9.1 Ein besonderes Vertrauen hattest Du zur Erziehung
durch Ironie,

You had a special confidence in education through irony,

9.2 sie entsprach auch am besten Deiner Überlegenheit
über mich.

it also corresponded best to your superiority over me.

9.3 Eine Ermahnung hatte bei Dir gewöhnlich diese
Form:

An admonition usually took this form with you:

9.4 »Kannst Du das nicht so und so machen?

"Can't you do it this way and that?

9.5 Das ist Dir wohl schon zu viel?

Is that already too much for you?

9.6 Dazu hast Du natürlich keine Zeit?« und ähnlich.

Of course you don't have time for that?" and similar.

9.7 Dabei jede solche Frage begleitet von bösem Lachen
und bösem Gesicht.

Every such question was accompanied by a nasty laugh and
a sour face.

9.8 Man wurde gewissermaßen schon bestraft, ehe man
noch wußte, daß man etwas Schlechtes getan hatte.

In a way, you were punished before you even knew that you
had done something bad.

Aufreizend waren auch jene Zurechtweisungen, wo
man als dritte Person behandelt, also nicht einmal
des bösen Ansprechens gewürdigt wurde;

9.9

Those rebukes were also provocative where you
were treated as a third person, i.e. you weren't even
acknowledged for speaking badly;

wo Du also etwa formell zur Mutter sprachst, aber
eigentlich zu mir, der dabei saß, zum Beispiel:

9.10

where you spoke formally to your mother, but actually to
me, who was sitting there, for example:

»Das kann man vom Herrn Sohn natürlich nicht
haben«

9.11

"Of course you can't have that from your son"

und dergleichen.

9.12

and the like.

(Das bekam dann sein Gegenspiel darin, daß ich zum
Beispiel nicht wagte und später aus Gewohnheit
gar nicht mehr daran dachte, Dich direkt zu fragen,
wenn die Mutter dabei war.

9.13

(This was then countered by the fact that, for example,
I didn't dare and later, out of habit, didn't even think of
asking you directly when the mother was present.

Es war dem Kind viel ungefährlicher, die neben Dir
sitzende Mutter nach Dir auszufragen, man fragte
dann die Mutter:

9.14

It was much safer for the child to ask the mother sitting
next to you about you, then you asked the mother:

»Wie geht es dem Vater?«

9.15

"How is the father?"

und sicherte sich so vor Überraschungen.)

9.16

and thus protected yourself from surprises).

9.17 Es gab natürlich auch Fälle, wo man mit der ärgsten Ironie sehr einverstanden war, nämlich wenn sie einen anderen betraf, zum Beispiel die Elli, mit der ich jahrelang böse war.

Of course, there were also cases where you were very okay with the worst irony, namely when it concerned someone else, for example Elli, with whom I had been angry for years.

9.18 Es war für mich ein Fest der Bosheit und Schadenfreude, wenn es von ihr fast bei jedem Essen etwa hieß:

It was a feast of malice and schadenfreude for me when she said at almost every meal:

9.19 »Zehn Meter weit vom Tisch muß sie sitzen,

"She must sit ten meters away from the table,

9.20 die breite Mad«

the broad Mad"

9.21 und wenn Du dann böse auf Deinem Sessel, ohne die leiseste Spur von Freundlichkeit oder Laune, sondern als erbitterter Feind übertrieben ihr nachzumachen suchtest, wie äußerst widerlich für Deinen Geschmack sie dasaß.

and when you then tried to imitate her angrily in your armchair, without the slightest trace of friendliness or humor, but as a bitter enemy, exaggerating how extremely disgusting she sat there for your taste.

9.22 Wie oft hat sich das und ähnliches wiederholen müssen,

How often did this and similar things have to be repeated,

9.23 wie wenig hast Du im Tatsächlichen dadurch erreicht.

how little did you actually achieve.

Ich glaube, es lag daran, daß der Aufwand von Zorn und Bösesein zur Sache selbst in keinem richtigen Verhältnis zu sein schien, man hatte nicht das Gefühl, daß der Zorn durch diese Kleinigkeit des Weit-vom-Tische-Sitzens erzeugt sei, sondern daß er in seiner ganzen Größe von vornherein vorhanden war und nur zufällig gerade diese Sache als Anlaß zum Losbrechen genommen habe. 9.24

I think it was because the effort of anger and malice seemed to be out of all proportion to the thing itself; one did not have the feeling that the anger was generated by this trifle of sitting far from the table, but that it was present in its full magnitude from the outset and had only accidentally taken this very thing as an occasion to break loose.

Da man überzeugt war, daß sich ein Anlaß jedenfalls finden würde, nahm man sich nicht besonders zusammen, auch stumpfte man unter der fortwährenden Drohung ab; 9.25

Since one was convinced that an occasion would be found in any case, one did not particularly pull oneself together, nor did one blunt oneself under the constant threat;

daß man nicht geprügelt wurde, dessen war man ja allmählich fast sicher. 9.26

one was gradually almost certain that one would not be beaten.

Man wurde ein mürrisches, unaufmerksames, ungehorsames Kind, immer auf eine Flucht, meist eine innere, bedacht. 9.27

You became a grumpy, inattentive, disobedient child, always looking for an escape, usually an internal one.

So littest Du, so litten wir. 9.28

That's how you suffered, that's how we suffered.

46

9.29 Du hattest von Deinem Standpunkt ganz recht, wenn Du mit zusammengebissenen Zähnen und dem gurgelnden Lachen, welches dem Kind zum erstenmal höllische Vorstellungen vermittelt hatte, bitter zu sagen pflegtest (wie erst letzthin wegen eines Konstantinopler Briefes):

You were quite right from your point of view when you used to say bitterly, with clenched teeth and a gurgling laugh, which for the first time had given the child hellish ideas (as you did only recently about a letter from Constantinople):

9.30 »Das ist eine Gesellschaft!«

"This is a society!"

10.1 Ganz unverträglich mit dieser Stellung zu Deinen Kindern schien es zu sein, wenn Du, was ja sehr oft geschah, öffentlich Dich beklagtest.

It seemed quite incompatible with this position towards your children when you complained publicly, which happened very often.

10.2 Ich gestehe, daß ich als Kind (später wohl) dafür gar kein Gefühl hatte und nicht verstand, wie Du überhaupt erwarten konntest, Mitgefühl zu finden.

I confess that as a child (later, I suppose) I had no feeling for it at all and didn't understand how you could expect to find sympathy at all.

10.3 Du warst so riesenhaft in jeder Hinsicht;

You were so gigantic in every respect;

10.4 was konnte Dir an unserem Mitleid liegen oder gar an unserer Hilfe?

what could you care about our pity or even our help?

Die mußtest Du doch eigentlich verachten, 10.5

You must have despised it,

wie uns selbst so oft. 10.6

as you so often did us.

Ich glaubte daher den Klagen nicht und suchte 10.7
irgendeine geheime Absicht hinter ihnen.

So I didn't believe the complaints and looked for some
secret intention behind them.

Erst später begriff ich, daß Du wirklich durch die 10.8
Kinder sehr littest, damals aber, wo die Klagen
noch unter anderen Umständen einen kindlichen,
offenen, bedenkenlosen, zu jeder Hilfe bereiten Sinn
hätten antreffen können, mußten sie mir wieder nur
überdeutliche Erziehungs - und Demütigungsmittel
sein, als solche an sich nicht sehr stark, aber mit
der schädlichen Nebenwirkung, daß das Kind sich
gewöhnte, gerade Dinge nicht sehr ernst zu nehmen,
die es ernst hätte nehmen sollen.

It was only later that I realized that you really suffered a
great deal at the hands of the children, but at that time,
when the complaints could, under other circumstances,
have had a childlike, open, unquestioning spirit, ready to
help in any way, they must have seemed to me to be merely
an overly obvious means of education and humiliation, not
very strong in themselves, but with the harmful side-effect
that the child got into the habit of not taking things very
seriously that it should have taken seriously.

Kapitel 3

Chapter 3

1.1 Es gab glücklicherweise davon allerdings auch Ausnahmen, meistens wenn Du schweigend littest und Liebe und Güte mit ihrer Kraft alles Entgegenstehende überwand und unmittelbar ergriff.

Fortunately, there were also exceptions to this, mostly when you suffered in silence and love and kindness overcame and immediately took hold of everything in opposition with their power.

1.2 Selten war das allerdings, aber es war wunderbar.

That was rare, but it was wonderful.

1.3 Etwa wenn ich Dich früher in heißen Sommern mittags nach dem Essen im Geschäft müde ein wenig schlafen sah, den Ellbogen auf dem Pult, oder wenn Du sonntags abgehetzt zu uns in die Sommerfrische kamst;

For example, when I used to see you sleeping a little at noon in hot summers after lunch in the store, your elbow on the desk, or when you came to our summer retreat on Sundays, exhausted;

oder wenn Du bei einer schweren Krankheit der
Mutter zitternd vom Weinen Dich am Bücherkasten
festhieltest;

or when you held on to the bookcase, trembling from
crying, when your mother was seriously ill;

oder wenn Du während meiner letzten Krankheit
leise zu mir in Ottlas Zimmer kamst, auf der Schwelle
bliebst, nur den Hals strecktest, um mich im Bett zu
sehn, und aus Rücksicht nur mit der Hand grüßtest.

or when you came quietly to me in Ottla's room during my
last illness, stayed on the threshold, only stretching your
neck to see me in bed, and only greeted me with your hand
out of consideration.

Zu solchen Zeiten legte man sich hin und weinte
vor Glück und weint jetzt wieder, während man es
schreibt.

At such times you lay down and wept with happiness and
now you are weeping again as you write this.

Du hast auch eine besonders schöne, sehr selten zu
sehende Art eines stillen, zufriedenen, gutheißenden
Lächelns, das den, dem es gilt, ganz glücklich machen
kann.

You also have a particularly beautiful, very rarely seen kind
of quiet, contented, approving smile that can make the
person to whom it is directed very happy.

2.2 Ich kann mich nicht erinnern, daß es in meiner Kindheit ausdrücklich mir zuteil geworden wäre, aber es dürfte wohl geschehen sein, denn warum solltest Du es mir damals verweigert haben, da ich Dir noch unschuldig schien und Deine große Hoffnung war.

I cannot remember that it was expressly bestowed on me in my childhood, but it must have happened, for why should you have refused it to me then, when I still seemed innocent to you and was your great hope.

2.3 Übrigens haben auch solche freundliche Eindrücke auf die Dauer nichts anderes erzielt,

Incidentally,

2.4 als mein Schuldbewußtsein vergrößert und die Welt mir noch unverständlicher gemacht.

in the long run such friendly impressions did nothing but increase my sense of guilt and make the world even more incomprehensible to me.

3.1 Lieber hielt ich mich ans Tatsächliche und Fortwährende.

I preferred to stick to what was factual and ongoing.

3.2 Um mich Dir gegenüber nur ein wenig zu behaupten, zum Teil auch aus einer Art Rache, fing ich bald an, kleine Lächerlichkeiten, die ich an Dir bemerkte, zu beobachten, zu sammeln, zu übertreiben.

In order to assert myself against you just a little, partly out of a kind of revenge, I soon began to observe, collect and exaggerate the little ridiculous things I noticed about you.

Wie Du zum Beispiel leicht Dich von meist nur 3.3
scheinbar höherstehenden Personen blenden ließest
und davon immerfort erzählen konntest, etwa von
irgendeinem kaiserlichen Rat oder dergleichen
(andererseits tat mir etwas Derartiges auch weh,
daß Du, mein Vater, solche nichtige Bestätigungen
Deines Wertes zu brauchen glaubtest und mit ihnen
großtätest).

For example, how you were easily dazzled by people who
were usually only seemingly of a higher rank and could
go on and on about it, such as some imperial council or
the like (on the other hand, something like that also hurt
me, that you, my father, thought you needed such trivial
confirmations of your worth and boasted about them).

Oder ich beobachtete Deine Vorliebe für 3.4
unanständige, möglichst laut herausgebrachte
Redensarten, über die Du lachtest, als hättest Du
etwas besonders Vortreffliches gesagt, während es
eben nur eine platte, kleine Unanständigkeit war
(gleichzeitig war es allerdings auch wieder eine mich
beschämende Äußerung Deiner Lebenskraft).

Or I observed your fondness for indecent expressions,
uttered as loudly as possible, at which you laughed as if you
had said something particularly excellent, whereas it was
just a flat, small indecency (at the same time, however, it
was also a shameful expression of your vitality).

Solcher verschiedener Beobachtungen gab es 3.5
natürlich eine Menge;

There were, of course, many such various observations;

3.6 ich war glücklich über sie, es gab für mich Anlaß zu Getuschel und Spaß, Du bemerktest es manchmal, ärgertest Dich darüber, hieltest es für Bosheit, Respektlosigkeit, aber glaube mir, es war nichts anderes für mich als ein übrigens untaugliches Mittel zur Selbsterhaltung, es waren Scherze, wie man sie über Götter und Könige verbreitet, Scherze, die mit dem tiefsten Respekt nicht nur sich verbinden lassen, sondern sogar zu ihm gehören.

I was happy about them, they gave me cause for whispering and fun, you sometimes noticed it, got angry about it, thought it was malice, disrespect, but believe me, it was nothing more to me than an incidentally unsuitable means of self-preservation, it was the kind of jokes one makes about gods and kings, jokes that are not only compatible with the deepest respect, but even belong to it.

4.1 Auch Du hast übrigens, entsprechend Deiner ähnlichen Lage mir gegenüber, eine Art Gegenwehr versucht.

Incidentally, you also tried to put up a kind of defense against me, in line with your similar situation.

4.2 Du pflegtest darauf hinzuweisen, wie übertrieben gut es mir ging und wie gut ich eigentlich behandelt worden bin.

You used to point out how excessively well off I was and how well I was actually treated.

4.3 Das ist richtig, ich glaube aber nicht, daß es mir unter den einmal vorhandenen Umständen im wesentlichen genützt hat.

That's true, but I don't think it was of much use to me under the circumstances I was in.

Es ist wahr, daß die Mutter grenzenlos gut zu mir war, aber alles das stand für mich in Beziehung zu Dir, also in keiner guten Beziehung.

5.1

It is true that the mother was boundlessly good to me, but for me all this was in relation to you, that is, not in a good relationship.

Die Mutter hatte unbewußt die Rolle eines Treibers in der Jagd.

5.2

The mother unconsciously had the role of a driver in the chase.

Wenn schon Deine Erziehung in irgendeinem unwahrscheinlichen Fall mich durch Erzeugung von Trotz, Abneigung oder gar Haß auf eigene Füße hätte stellen können, so glich das die Mutter durch Gutsein, durch vernünftige Rede (sie war im Wirrwarr der Kindheit das Urbild der Vernunft), durch Fürbitte wieder aus, und ich war wieder in Deinen Kreis zurückgetrieben, aus dem ich sonst vielleicht, Dir und mir zum Vorteil, ausgebrochen wäre.

5.3

If, in some unlikely case, your upbringing could have put me on my own feet by creating defiance, aversion or even hatred, my mother compensated for this by being good, by reasonable speech (she was the archetype of reason in the confusion of childhood), by intercession, and I was driven back into your circle, from which I might otherwise have broken out, to your advantage and mine.

5.4 Oder es war so, daß es zu keiner eigentlichen Versöhnung kam, daß die Mutter mich vor Dir bloß im Geheimen schützte, mir im Geheimen etwas gab, etwas erlaubte, dann war ich wieder vor Dir das lichtscheue Wesen, der Betrüger, der Schuldbewußte, der wegen seiner Nichtigkeit selbst zu dem, was er für sein Recht hielt, nur auf Schleichwegen kommen konnte.

Or it was the case that there was no actual reconciliation, that the mother merely protected me from you in secret, gave me something in secret, allowed me something, then I was again before you the light-shy being, the deceiver, the guilty one, who because of his nothingness could only come to what he thought was his right by stealth.

5.5 Natürlich gewöhnte ich mich dann, auf diesen Wegen auch das zu suchen, worauf ich, selbst meiner Meinung nach, kein Recht hatte.

Of course, I then got into the habit of seeking on these paths what I, even in my own opinion, had no right to.

5.6 Das war wieder Vergrößerung des Schuldbewußtseins.

This was again an increase in the consciousness of guilt.

6.1 Es ist auch wahr, daß Du mich kaum einmal wirklich geschlagen hast.

It is also true that you hardly ever really hit me.

6.2 Aber das Schreien, das Rotwerden Deines Gesichts, das eilige Losmachen der Hosenträger, ihr Bereitliegen auf der Stuhllehne, war für mich fast ärger.

But the screaming, the reddening of your face, the hurried undoing of your suspenders, their resting on the back of the chair, was almost worse for me.

Es ist, wie wenn einer gehängt werden soll.   6.3

It's like when someone is to be hanged.

Wird er wirklich gehenkt,   6.4

If he really is hanged,

dann ist er tot und es ist alles vorüber.   6.5

then he's dead and it's all over.

Wenn er aber alle Vorbereitungen zum   6.6
Gehenktwerden miterleben muß und erst wenn
ihm die Schlinge vor dem Gesicht hängt, von seiner
Begnadigung erfährt, so kann er sein Leben lang
daran zu leiden haben.

But if he has to witness all the preparations for being
hanged and only learns of his pardon when the noose is
hanging in front of his face, he can suffer from it for the
rest of his life.

Überdies sammelte sich aus diesen vielen Malen,   6.7
wo ich Deiner deutlich gezeigten Meinung nach
Prügel verdient hätte, ihnen aber aus Deiner Gnade
noch knapp entgangen war, wieder nur ein großes
Schuldbewußtsein an.

Moreover, from these many times when, in your clearly
expressed opinion, I deserved to be beaten, but had
narrowly escaped it by your mercy, a great sense of guilt
accumulated.

Von allen Seiten her kam ich in Deine Schuld.   6.8

I came into your debt from all sides.

7.1 Seit jeher machtest Du mir zum Vorwurf (und zwar mir allein oder vor anderen, für das Demütigende des letzteren hattest Du kein Gefühl, die Angelegenheiten Deiner Kinder waren immer öffentliche), daß ich dank Deiner Arbeit ohne alle Entbehrungen in Ruhe, Wärme, Fülle lebte.

You have always reproached me (either to me alone or in front of others, you had no feeling for the humiliation of the latter, your children's affairs were always public) for living in peace, warmth and abundance without any deprivation thanks to your work.

7.2 Ich denke da an Bemerkungen, die in meinem Gehirn förmlich Furchen gezogen haben müssen, wie:

I'm thinking of remarks that must have literally made furrows in my brain, such as:

7.3 »Schon mit sieben Jahren mußte ich mit dem Karren durch die Dörfer fahren.«

"Even at the age of seven I had to ride through the villages in a cart."

7.4 »Wir mußten alle in einer Stube schlafen.«

"We all had to sleep in the same room."

7.5 »Wir waren glücklich, wenn wir Erdäpfel hatten.«

"We were happy when we had potatoes."

7.6 »Jahrelang hatte ich wegen ungenügender Winterkleidung offene Wunden an den Beinen.«

"For years I had open sores on my legs because of inadequate winter clothing."

7.7 »Als kleiner Junge mußte ich schon nach Pisek ins Geschäft.«

"As a little boy I had to go to the store in Pisek."

»Von zuhause bekam ich gar nichts, nicht einmal   7.8
beim Militär, ich schickte noch Geld nachhause.«
"I didn't get anything from home, not even in the army, I
still sent money home."

»Aber trotzdem, trotzdem – der Vater war mir immer   7.9
der Vater.
"But still, still – my father was always my father.

Wer weiß das heute! Was wissen die Kinder!   7.10
Who knows that today! What do the children know!

Das hat niemand gelitten! Versteht das heute ein   7.11
Kind?«
Nobody suffered that! Does a child understand that today?"

Solche Erzählungen hätten unter anderen   7.12
Verhältnissen ein ausgezeichnetes Erziehungsmittel
sein können, sie hätten zum Überstehen der
gleichen Plagen und Entbehrungen, die der Vater
durchgemacht hatte, aufmuntern und kräftigen
können.
Under different circumstances, such stories could have
been an excellent educational tool, they could have
encouraged and strengthened the children to overcome
the same hardships and deprivations that their father had
gone through.

Aber das wolltest Du doch gar nicht, die Lage war   7.13
ja eben durch das Ergebnis Deiner Mühe eine
andere geworden, Gelegenheit, sich in der Weise
auszuzeichnen, wie Du es getan hattest, gab es nicht.
But you didn't want that at all, the situation had changed
as a result of your efforts, there was no opportunity to
distinguish yourself in the way you had done.

7.14 Eine solche Gelegenheit hätte man erst durch Gewalt und Umsturz schaffen müssen, man hätte von zu Hause ausbrechen müssen (vorausgesetzt, daß man die Entschlußfähigkeit und Kraft dazu gehabt hätte und die Mutter nicht ihrerseits mit anderen Mitteln dagegen gearbeitet hätte).

Such an opportunity would have had to be created through violence and upheaval, you would have had to break away from home (assuming that you had the determination and strength to do so and that your mother had not worked against it by other means).

7.15 Aber das alles wolltest Du doch gar nicht, das bezeichnetest Du als Undankbarkeit, Überspanntheit, Ungehorsam, Verrat, Verrücktheit.

But you didn't want any of that, you described it as ingratitude, extravagance, disobedience, betrayal, madness.

7.16 Während Du also von einer Seite durch Beispiel, Erzählung und Beschämung dazu locktest, verbotest Du es auf der anderen Seite allerstrengstens.

So while on the one hand you encouraged it by example, storytelling and shaming, on the other hand you forbade it in the strictest terms.

7.17 Sonst hättest Du zum Beispiel, von den Nebenumständen abgesehen, von Ottlas Zürauer Abenteuer eigentlich entzückt sein müssen.

Otherwise, for example, you should have been delighted by Ottla's Zürau adventure, apart from the circumstances.

Sie wollte auf das Land, von dem Du gekommen warst, sie wollte Arbeit und Entbehrungen haben, wie Du sie gehabt hattest, sie wollte nicht Deine Arbeitserfolge genießen, wie auch Du von Deinem Vater unabhängig gewesen bist.

7.18

She wanted to go to the country you had come from, she wanted work and hardship like you had had, she didn't want to enjoy your success at work, just as you had been independent of your father.

Waren das so schreckliche Absichten?

7.19

Were those such terrible intentions?

So fern Deinem Beispiel und Deiner Lehre?

7.20

So far from your example and your teaching?

Gut, die Absichten Ottlas mißlangen schließlich im Ergebnis, wurden vielleicht etwas lächerlich, mit zuviel Lärm ausgeführt, sie nahm nicht genug Rücksicht auf ihre Eltern.

7.21

Well, Ottla's intentions were ultimately unsuccessful, perhaps they were carried out somewhat ridiculously, with too much noise, she didn't show enough consideration for her parents.

War das aber ausschließlich ihre Schuld, nicht auch die Schuld der Verhältnisse und vor allem dessen, daß Du ihr so entfremdet warst?

7.22

But was that solely her fault, and not also the fault of the circumstances and above all the fact that you were so estranged from her?

War sie Dir etwa (wie Du Dir später selbst einreden wolltest) im Geschäft weniger entfremdet, als nachher in Zürau?

7.23

Was she (as you later tried to convince yourself) less estranged from you in the store than she was later in Zürau?

7.24 Und hättest Du nicht ganz gewiß die Macht gehabt (vorausgesetzt, daß Du Dich dazu hättest überwinden können), durch Aufmunterung, Rat und Aufsicht, vielleicht sogar nur durch Duldung aus diesem Abenteuer etwas sehr Gutes zu machen?

And would you not certainly have had the power (assuming you could have brought yourself to do so) to turn this adventure into something very good by encouraging, advising and supervising her, perhaps even just by tolerating it?

8.1 Anschließend an solche Erfahrungen pflegtest Du in bitterem Scherz zu sagen,

After such experiences,

8.2 daß es uns zu gut ging.

you used to say in bitter jest that we were doing too well.

8.3 Aber dieser Scherz ist in gewissem Sinn keiner.

But in a certain sense this joke is not a joke.

8.4 Das, was Du Dir erkämpfen mußtest, bekamen wir aus Deiner Hand, aber den Kampf um das äußere Leben, der Dir sofort zugänglich war und der natürlich auch uns nicht erspart bleibt, den müssen wir uns erst spät, mit Kinderkraft im Mannesalter erkämpfen.

What you had to fight for, we got from your hand, but the struggle for external life, which was immediately accessible to you and which of course we are not spared either, we have to fight for late, with the strength of children in manhood.

Ich sage nicht, daß unsere Lage deshalb unbedingt   8.5
ungünstiger ist als es Deine war, sie ist jener vielmehr
wahrscheinlich gleichwertig –

I am not saying that our situation is therefore necessarily
less favorable than yours was, it is rather probably equal to
yours –

(wobei allerdings die Grundanlagen nicht verglichen   8.6
sind), nur darin sind wir im Nachteil, daß wir mit
unserer Not uns nicht rühmen und niemanden mit
ihr demütigen können, wie Du es mit Deiner Not
getan hast.

(although the basic dispositions are not comparable), we
are only at a disadvantage in that we cannot boast of our
hardship and humiliate anyone with it, as you did with
your hardship.

Ich leugne auch nicht, daß es möglich gewesen wäre,   8.7
daß ich die Früchte Deiner großen und erfolgreichen
Arbeit wirklich richtig hätte genießen, verwerten
und mit ihnen zu Deiner Freude hätte weiterarbeiten
können, dem aber stand eben unsere Entfremdung
entgegen.

I also do not deny that it would have been possible for
me to really enjoy and utilize the fruits of your great and
successful work and to continue working with them for
your joy, but our alienation stood in the way of this.

Ich konnte, was Du gabst, genießen, aber   8.8
nur in Beschämung, Müdigkeit, Schwäche,
Schuldbewußtsein.

I was able to enjoy what you gave, but only in shame,
tiredness, weakness and a sense of guilt.

Deshalb konnte ich Dir für alles nur bettlerhaft   8.9
dankbar sein,

That's why I could only be grateful to you in a beggarly way
for everything,

8.10 **durch die Tat nicht.**
but not in deed.

9.1 **Das nächste äußere Ergebnis dieser ganzen Erziehung war, daß ich alles floh, was nur von der Ferne an Dich erinnerte.**
The next external result of all this education was that I fled everything that reminded me of you from a distance.

9.2 **Zuerst das Geschäft.**
First the store.

9.3 **An und für sich besonders in der Kinderzeit,**
In and of itself,

9.4 **solange es ein Gassengeschäft war,**
especially when I was a child,

9.5 **hätte es mich sehr freuen müssen,**
as long as it was an alleyway store,

9.6 **es war so lebendig, abends beleuchtet,**
I should have been very happy, it was so lively,

9.7 **man sah, man hörte viel,**
lit up in the evening, you could see and hear a lot,

9.8 **konnte hie und da helfen, sich auszeichnen,**
you could help here and there, distinguish yourself,

9.9 **vor allem aber Dich bewundern in Deinen großartigen kaufmännischen Talenten,**
but above all admire you in your great commercial talents,

9.10 **wie Du verkauftest, Leute behandeltest, Späße machtest,**
how you sold, treated people, made jokes,

unermüdlich warst, 9.11

were tireless,

in Zweifelsfällen sofort die Entscheidung wußtest 9.12
und so weiter;

knew the decision immediately in cases of doubt and so on;

noch wie Du einpacktest oder eine Kiste aufmachtest, 9.13
war ein sehenswertes Schauspiel und das Ganze alles
in allem gewiß nicht die schlechteste Kinderschule.

The way you packed or opened a box was a spectacle worth
seeing and all in all certainly not the worst school for
children.

Aber da Du allmählich von allen Seiten mich 9.14
erschrecktest und Geschäft und Du sich mir decktest,
war mir auch das Geschäft nicht mehr behaglich.

But as you gradually frightened me from all sides, and
business and you were the same thing, I was no longer
comfortable with business either.

Dinge, die mir dort zuerst selbstverständlich gewesen 9.15
waren, quälten, beschämten mich, besonders Deine
Behandlung des Personals.

Things that I had taken for granted there at first tormented
and shamed me, especially your treatment of the staff.

9.16 Ich weiß nicht, vielleicht ist sie in den meisten Geschäften so gewesen (in der Assecurazioni Generali, zum Beispiel, war sie zu meiner Zeit wirklich ähnlich, ich erklärte dort dem Direktor, nicht ganz wahrheitsgemäß, aber auch nicht ganz erlogen, meine Kündigung damit, daß ich das Schimpfen, das übrigens mich direkt gar nicht betroffen hatte, nicht ertragen könne; ich war darin zu schmerzhaft empfindlich schon von Hause her), aber die anderen Geschäfte kümmerten mich in der Kinderzeit nicht.

I don't know, perhaps it was like that in most stores (in the Assecurazioni Generali, for example, it was really similar in my time; I explained my dismissal to the manager there, not quite truthfully, but not quite falsely either, by saying that I couldn't bear the scolding, which incidentally didn't affect me directly at all; I was already too painfully sensitive in this respect from home), but I didn't care about the other stores when I was a child.

9.17 Dich aber hörte und sah ich im Geschäft schreien, schimpfen und wüten, wie es meiner damaligen Meinung nach in der ganzen Welt nicht wieder vorkam.

But I heard and saw you shouting, ranting and raging in the store in a way that, in my opinion at the time, had never happened again in the whole world.

9.18 Und nicht nur schimpfen, auch sonstige Tyrannei.

And not just shouting, but also other bullying.

9.19 Wie Du zum Beispiel Waren, die Du mit anderen nicht verwechselt haben wolltest, mit einem Ruck vom Pult hinunterwarfst –

For example, the way you threw goods that you didn't want mixed up with others down from the counter with a jerk –

nur die Besinnungslosigkeit Deines Zorns
entschuldigte Dich ein wenig –
9.20

only the senselessness of your anger excused you a little –

und der Kommis sie aufheben mußte.
9.21

and the commis had to pick them up.

Oder Deine ständige Redensart hinsichtlich eines
lungenkranken Kommis:
9.22

Or your constant saying about a commissaire with a lung
condition:

»Er soll krepieren, der kranke Hund.«
9.23

"Let him die, the sick dog."

Du nanntest die Angestellten »bezahlte Feinde«, das
waren sie auch, aber noch ehe sie es geworden waren,
schienst Du mir ihr »zahlender Feind« zu sein.
9.24

You called the employees "paid enemies", and they were,
but even before they became that, you seemed to me to be
their "paying enemy".

Dort bekam ich auch die große Lehre, daß Du
ungerecht sein könntest;
9.25

It was there that I learned the great lesson that you could be
unjust;

an mir selbst hätte ich es nicht sobald bemerkt, da
hatte sich ja zuviel Schuldgefühl angesammelt, das
Dir recht gab;
9.26

I wouldn't have noticed it in myself as soon as I did, because
I had accumulated too much guilt that proved you right;

9.27 aber dort waren nach meiner, später natürlich
ein wenig, aber nicht allzusehr korrigierten
Kindermeinung fremde Leute, die doch für uns
arbeiteten und dafür in fortwährender Angst vor
Dir leben mußten.

but according to my childhood opinion, which of course
was later corrected a little, but not too much, there were
strangers there who worked for us and had to live in
constant fear of you.

9.28 Natürlich übertrieb ich da, und zwar deshalb, weil
ich ohneweiters annahm, Du wirktest auf die Leute
ebenso schrecklich wie auf mich.

Of course I was exaggerating, because I assumed that you
were just as terrible to them as you were to me.

9.29 Wenn das so gewesen wäre,

If that had been the case,

9.30 hätten sie wirklich nicht leben können;

they really wouldn't have been able to live;

9.31 da sie aber erwachsene Leute mit meist
ausgezeichneten Nerven waren,

but since they were grown-up people with mostly excellent
nerves,

9.32 schüttelten sie das Schimpfen ohne Mühe von sich ab
und es schadete Dir schließlich viel mehr als ihnen.

they shook off the scolding without difficulty and in the
end it did you much more harm than it did them.

9.33 Mir aber machte es das Geschäft unleidlich,

But it made the business unpleasant for me,

9.34 es erinnerte mich allzusehr an mein Verhältnis zu
Dir:

it reminded me all too much of my relationship with you:

Du warst, ganz abgesehen vom Unternehmerinteresse und abgesehen von Deiner Herrschsucht schon als Geschäftsmann allen, die jemals bei Dir gelernt haben, so sehr überlegen, daß Dich keine ihrer Leistungen befriedigen konnte, ähnlich ewig unbefriedigt mußtest Du auch von mir sein.

9.35

quite apart from your entrepreneurial interest and apart from your imperiousness, you were already so superior as a businessman to everyone who had ever studied with you that none of their achievements could satisfy you, and you had to be similarly eternally unsatisfied with me.

Deshalb gehörte ich notwendig zur Partei des Personals, übrigens auch deshalb, weil ich schon aus Ängstlichkeit nicht begriff, wie man einen Fremden so beschimpfen konnte, und darum aus Ängstlichkeit das meiner Meinung nach fürchterlich aufgebrachte Personal irgendwie mit Dir, mit unserer Familie schon um meiner eigenen Sicherheit willen aussöhnen wollte.

9.36

That's why I necessarily belonged to the staff's party, and also because I couldn't understand out of fear how you could insult a stranger like that, and therefore out of fear I wanted to somehow reconcile the staff, who in my opinion were terribly upset, with you, with our family, for the sake of my own safety.

Dazu genügte nicht mehr gewöhnliches, anständiges Benehmen gegenüber dem Personal, nicht einmal mehr bescheidenes Benehmen, vielmehr mußte ich demütig sein, nicht nur zuerst grüßen, sondern womöglich auch noch den Gegengruß abwehren.

9.37

To do this, it was no longer enough to behave in an ordinary, decent manner towards the staff, not even to behave modestly, but I had to be humble, not only greet them first, but also possibly even fend off the counter-greeting.

9.38 Und hätte ich, die unbedeutende Person, ihnen unten die Füße geleckt, es wäre noch immer kein Ausgleich dafür gewesen, wie Du, der Herr, oben auf sie loshacktest.

And if I, the insignificant person, had licked their feet downstairs, it would still not have compensated for the way you, the Lord, picked on them upstairs.

9.39 Dieses Verhältnis, in das ich hier zu Mitmenschen trat, wirkte über das Geschäft hinaus und in die Zukunft weiter (etwas Ähnliches, aber nicht so gefährlich und tiefgreifend wie bei mir, ist zum Beispiel auch Ottlas Vorliebe für den Verkehr mit armen Leuten, das Dich so ärgernde Zusammensitzen mit den Dienstmädchen und dergleichen).

This relationship I entered into with my fellow men here had an effect beyond the business and into the future (something similar, but not as dangerous and profound as mine, is Ottla's preference for socializing with poor people, sitting with the maids and the like, which annoyed you so much).

9.40 Schließlich fürchtete ich mich fast vor dem Geschäft, und jedenfalls war es schon längst nicht mehr meine Sache, ehe ich noch ins Gymnasium kam und dadurch noch weiter davon fortgeführt wurde.

After all, I was almost afraid of the business, and in any case it had long since ceased to be my thing before I went to grammar school and was thus led even further away from it.

9.41 Auch schien es mir für meine Fähigkeiten ganz unerschwinglich, da es, wie Du sagtest, selbst die Deinigen verbrauchte.

It also seemed quite unaffordable for my abilities, since, as you said, it consumed even yours.

Du suchtest dann (für mich ist das heute rührend 9.42
und beschämend) aus meiner Dich doch sehr
schmerzenden Abneigung gegen das Geschäft, gegen
Dein Werk, doch noch ein wenig Süßigkeit für Dich
zu ziehen, indem Du behauptetest, mir fehle der
Geschäftssinn, ich habe höhere Ideen im Kopf und
dergleichen.

You then tried (for me this is touching and shameful today)
to extract a little sweetness for yourself from my very
painful aversion to business, to your work, by claiming
that I lacked business acumen, that I had higher ideas in my
head and the like.

Die Mutter freute sich natürlich über diese 9.43
Erklärung, die Du Dir abzwangst, und auch ich
in meiner Eitelkeit und Not ließ mich davon
beeinflussen.

My mother was naturally pleased with this explanation
that you forced upon yourself, and in my vanity and
distress I also allowed myself to be influenced by it.

Wären es aber wirklich nur oder hauptsächlich die 9.44
But if it had really been only or mainly the

»höheren Ideen« 9.45
"higher ideas"

9.46 gewesen, die mich vom Geschäft (das ich jetzt, aber erst jetzt, ehrlich und tatsächlich hasse) abbrachten, sie hätten sich anders äußern müssen, als daß sie mich ruhig und ängstlich durchs Gymnasium und durch das Jusstudium schwimmen ließen, bis ich beim Beamtenschreibtisch endgültig landete.

that turned me away from business (which I now, but only now, honestly and truly hate), they would have had to express themselves differently than by letting me swim quietly and anxiously through grammar school and law school until I finally ended up at the civil servant's desk.

Kapitel 4

Chapter 4

1.1 Wollte ich vor Dir fliehn, mußte ich auch vor der Familie fliehn, selbst vor der Mutter.

If I wanted to flee from you, I also had to flee from my family, even from my mother.

1.2 Man konnte bei ihr zwar immer Schutz finden,

One could always find protection with her,

1.3 doch nur in Beziehung zu Dir.

but only in relation to you.

1.4 Zu sehr liebte sie Dich und war Dir zu sehr treu ergeben, als daß sie in dem Kampf des Kindes eine selbständige geistige Macht für die Dauer hätte sein können.

She loved you too much and was too devoted to you to be an independent spiritual power in the child's struggle in the long run.

Ein richtiger Instinkt des Kindes übrigens, denn die   1.5
Mutter wurde Dir mit den Jahren immer noch enger
verbunden;

A correct instinct of the child, by the way, for the mother
became more and more closely attached to you as the years
went by;

während sie immer, was sie selbst betraf, ihre   1.6
Selbständigkeit in kleinsten Grenzen schön und
zart und ohne Dich jemals wesentlich zu kränken,
bewahrte, nahm sie doch mit den Jahren immer
vollständiger, mehr im Gefühl als im Verstand,
Deine Urteile und Verurteilungen hinsichtlich der
Kinder blindlings über, besonders in dem allerdings
schweren Fall der Ottla.

while she always preserved her independence, as far as
she herself was concerned, within the smallest limits,
beautifully and delicately and without ever offending you
essentially, she nevertheless accepted your judgments
and condemnations concerning the children more and
more completely, more in feeling than in reason, blindly,
especially in the case of Ottla, which, however, was a
serious one.

Freilich muß man immer im Gedächtnis behalten,   1.7

Of course,

wie quälend und bis zum letzten aufreibend die   1.8
Stellung der Mutter in der Familie war.

one must always remember how agonizing and exhausting
the mother's position in the family was.

74

1.9 Sie hat sich im Geschäft, im Haushalt geplagt, alle Krankheiten der Familie doppelt mitgelitten, aber die Krönung alles dessen war das, was sie in ihrer Zwischenstellung zwischen uns und Dir gelitten hat.

She toiled in the business, in the household, suffered all the illnesses of the family twice over, but the crowning glory of all this was what she suffered in her intermediate position between us and you.

1.10 Du bist immer liebend und rücksichtsvoll zu ihr gewesen, aber in dieser Hinsicht hast Du sie ganz genau so wenig geschont, wie wir sie geschont haben.

You were always loving and considerate to her, but in this respect you spared her just as little as we spared her.

1.11 Rücksichtslos haben wir auf sie eingehämmert, Du von Deiner Seite, wir von unserer.

We hammered her ruthlessly, you from your side, we from ours.

1.12 Es war eine Ablenkung, man dachte an nichts Böses, man dachte nur an den Kampf, den Du mit uns, den wir mit Dir führten, und auf der Mutter tobten wir uns aus.

It was a distraction, we thought of nothing bad, we only thought of the fight that you were having with us, that we were having with you, and we let off steam on our mother.

1.13 Es war auch kein guter Beitrag zur Kindererziehung,

It wasn't a good contribution to the children's upbringing either,

1.14 wie Du sie –

the way you tortured them –

1.15 ohne jede Schuld Deinerseits natürlich – unseretwegen quältest.

through no fault of your own, of course – because of us.

Es rechtfertigte sogar scheinbar unser sonst nicht zu rechtfertigendes Benehmen ihr gegenüber.

1.16

It even seemed to justify our otherwise unjustifiable behavior towards her.

Was hat sie von uns Deinetwegen und von Dir unseretwegen gelitten, ganz ungerechnet jene Fälle, wo Du recht hattest, weil sie uns verzog, wenn auch selbst dieses

1.17

What did she suffer from us because of you and from you because of us, not counting those cases where you were right because she forgave us, even if this

»Verziehn« manchmal nur eine stille,

1.18

"forgiveness" was sometimes only a silent,

unbewußte Gegendemonstration gegen Dein System gewesen sein mag.

1.19

unconscious counter-demonstration against your system.

Natürlich hätte die Mutter das alles nicht ertragen können, wenn sie nicht aus der Liebe zu uns allen und aus dem Glück dieser Liebe die Kraft zum Ertragen genommen hätte.

1.20

Of course the mother would not have been able to bear all this if she had not taken the strength to endure from her love for us all and from the happiness of this love.

Die Schwestern gingen nur zum Teil mit mir.

2.1

The sisters only went with me part of the time.

Am glücklichsten in ihrer Stellung zu Dir war Valli.

2.2

Valli was the happiest in her position towards you.

2.3 **Am nächsten der Mutter stehend, fügte sie sich Dir auch ähnlich, ohne viel Mühe und Schaden.**

Closest to her mother, she also submitted to you in a similar way, without much trouble or harm.

2.4 **Du nahmst sie aber auch, eben in Erinnerung an die Mutter, freundlicher hin, trotzdem wenig Kafka'sches Material in ihr war.**

But you also accepted her more kindly, precisely in memory of your mother, even though there was little Kafka-like material in her.

2.5 **Aber vielleicht war Dir gerade das recht;**

But perhaps that was just right for you;

2.6 **wo nichts Kafka'sches war,**

where there was nothing Kafka-like,

2.7 **konntest selbst Du nichts Derartiges verlangen;**

even you could not demand anything of the kind;

2.8 **Du hattest auch nicht, wie bei uns andern, das Gefühl, daß hier etwas verlorenging, das mit Gewalt gerettet werden müßte.**

nor did you have the feeling, as with the rest of us, that something was lost here that had to be saved by force.

2.9 **Übrigens magst Du das Kafka'sche, soweit es sich in Frauen geäußert hat, niemals besonders geliebt haben.**

Incidentally, you may never have particularly loved Kafka, in so far as it expressed itself in women.

Das Verhältnis Vallis zu Dir wäre sogar vielleicht noch freundlicher geworden, wenn wir anderen es nicht ein wenig gestört hätten. 2.10

Valli's relationship with you might have become even friendlier if the rest of us hadn't disturbed it a little.

Die Elli ist das einzige Beispiel für das fast vollständige Gelingen eines Durchbruches aus Deinem Kreis. 3.1

Elli is the only example of an almost complete breakthrough from your circle.

Von ihr hätte ich es in ihrer Kindheit am wenigsten erwartet. 3.2

I would have least expected it from her in her childhood.

Sie war doch ein so schwerfälliges, müdes, furchtsames, verdrossenes, schuldbewußtes, überdemütiges, boshaftes, faules, genäschiges, geiziges Kind, ich konnte sie kaum ansehn, gar nicht ansprechen, so sehr erinnerte sie mich an mich selbst, so sehr ähnlich stand sie unter dem gleichen Bann der Erziehung. 3.3

She was such a ponderous, tired, timid, sullen, guilty, over-humble, spiteful, lazy, vain, stingy child, I could hardly look at her, I couldn't even speak to her, she reminded me so much of myself, she was under the same spell of upbringing.

Besonders ihr Geiz war mir abscheulich, 3.4

Her stinginess was particularly abhorrent to me,

da ich ihn womöglich noch stärker hatte. 3.5

as I probably had it even more strongly.

3.6 Geiz ist ja eines der verläßlichsten Anzeichen tiefen Unglücklichseins;

Avarice is one of the most reliable signs of deep unhappiness;

3.7 ich war so unsicher aller Dinge, daß ich tatsächlich nur das besaß, was ich schon in den Händen oder im Mund hielt oder was wenigstens auf dem Wege dorthin war, und gerade das nahm sie, die in ähnlicher Lage war, mir am liebsten fort.

I was so uncertain of all things that I really only possessed what I already had in my hands or in my mouth, or at least what was on the way to it, and that was precisely what she, who was in a similar situation, preferred to take away from me.

3.8 Aber das alles änderte sich, als sie in jungen Jahren –

But all that changed when she left home at a young age –

3.9 das ist das Wichtigste –

that's the most important thing –

3.10 von zu Hause wegging, heiratete, Kinder bekam, sie wurde fröhlich, unbekümmert, mutig, freigebig, uneigennützig, hoffnungsvoll.

got married, had children, became cheerful, carefree, courageous, generous, unselfish, hopeful.

Fast unglaublich ist es, wie Du eigentlich diese 3.11
Veränderung gar nicht bemerkt und jedenfalls nicht
nach Verdienst bewertet hast, so geblendet bist Du
von dem Groll, den Du gegen Elli seit jeher hattest
und im Grunde unverändert hast, nur daß dieser
Groll jetzt viel weniger aktuell geworden ist, da Elli
nicht mehr bei uns wohnt und außerdem Deine Liebe
zu Felix und die Zuneigung zu Karl ihn unwichtiger
gemacht haben.

It's almost unbelievable how you didn't actually notice
this change and at any rate didn't judge it on its merits,
so blinded are you by the resentment you've always
had against Elli and basically still have, except that this
resentment has become much less topical now that Elli no
longer lives with us and, moreover, your love for Felix and
affection for Karl have made it less important.

Nur Gerti muß ihn manchmal noch entgelten. 3.12

Only Gerti still has to pay him back sometimes.

Von Ottla wage ich kaum zu schreiben – 4.1

I hardly dare to write of Ottla –

ich weiß, ich setze damit die ganze erhoffte Wirkung 4.2
des Briefes aufs Spiel.

I know that I am jeopardizing the whole hoped-for effect of
the letter.

Unter gewöhnlichen Umständen, also wenn sie nicht 4.3
etwa in besondere Not oder Gefahr käme, hast Du für
sie nur Haß;

Under ordinary circumstances, that is, if she were not in
any particular distress or danger, you have nothing but
hatred for her;

4.4 Du hast mir ja selbst zugestanden, daß sie Deiner Meinung nach mit Absicht Dir immerfort Leid und Ärger macht, und während Du ihretwegen leidest, ist sie befriedigt und freut sich.

you have admitted to me yourself that you think she is always causing you pain and trouble on purpose, and while you suffer on her account, she is satisfied and pleased.

4.5 Also eine Art Teufel.

A kind of devil, then.

4.6 Was für eine ungeheure Entfremdung, noch größer als zwischen Dir und mir, muß zwischen Dir und ihr eingetreten sein, damit eine so ungeheure Verkennung möglich wird.

What a tremendous estrangement, even greater than between you and me, must have occurred between you and her to make such a tremendous misjudgment possible.

4.7 Sie ist so weit von Dir, daß Du sie kaum mehr siehst, sondern ein Gespenst an die Stelle setzt, wo Du sie vermutest.

She is so far away from you that you hardly see her any more, but put a ghost in the place where you suspect her to be.

4.8 Ich gebe zu, daß Du es mit ihr besonders schwer hattest.

I admit that you had a particularly difficult time with her.

4.9 Ich durchschaue ja den sehr komplizierten Fall nicht ganz, aber jedenfalls war hier etwas wie eine Art Löwy, ausgestattet mit den besten Kafka'schen Waffen.

I don't quite see through the very complicated case, but in any case there was something like a kind of Löwy here, equipped with the best Kafkaian weapons.

Zwischen uns war es kein eigentlicher Kampf; 4.10

There was no real fight between us;

ich war bald erledigt; 4.11

I was soon finished;

was übrigblieb war Flucht, Verbitterung, Trauer, 4.12
innerer Kampf.

what remained was flight, bitterness, grief, inner struggle.

Ihr zwei waret aber immer in Kampfstellung, immer 4.13
frisch, immer bei Kräften.

But you two were always in a fighting position, always
fresh, always strong.

Ein ebenso großartiger wie trostloser Anblick. 4.14

A sight as magnificent as it was bleak.

Zu allererst seid ihr Euch ja gewiß sehr nahe gewesen, 4.15
denn noch heute ist von uns vier Ottla vielleicht die
reinste Darstellung der Ehe zwischen Dir und der
Mutter und der Kräfte, die sich da verbanden.

First of all, you must have been very close, because even
today Ottla is perhaps the purest representation of the
marriage between you and your mother and the forces that
combined.

Ich weiß nicht, was Euch um das Glück der Eintracht 4.16
zwischen Vater und Kind gebracht hat, es liegt mir
nur nahe zu glauben, daß die Entwicklung ähnlich
war wie bei mir.

I don't know what deprived you of the happiness of
harmony between father and child, I can only assume
that the development was similar to mine.

4.17 Auf Deiner Seite die Tyrannei Deines Wesens, auf ihrer Seite Löwyscher Trotz, Empfindlichkeit, Gerechtigkeitsgefühl, Unruhe, und alles das gestützt durch das Bewußtsein Kafka'scher Kraft.

On your side the tyranny of your nature, on her side Löwysian defiance, sensitivity, a sense of justice, restlessness, and all this supported by the awareness of Kafka's power.

4.18 Wohl habe auch ich sie beeinflußt, aber kaum aus eigenem Antrieb, sondern durch die bloße Tatsache meines Daseins.

I certainly influenced her too, but hardly of my own accord, but through the mere fact of my existence.

4.19 Übrigens kam sie doch als letzte in schon fertige Machtverhältnisse hinein und konnte sich aus dem vielen bereitliegenden Material ihr Urteil selbst bilden.

Incidentally, she was the last to enter into already established power relations and was able to form her own judgment from all the material available.

4.20 Ich kann mir sogar denken, daß sie in ihrem Wesen eine Zeitlang geschwankt hat, ob sie sich Dir an die Brust werfen soll oder den Gegnern, offenbar hast Du damals etwas versäumt und sie zurückgestoßen, Ihr wäret aber, wenn es eben möglich gewesen wäre, ein prachtvolles Paar an Eintracht geworden.

I can even imagine that for a time she wavered in her nature as to whether she should throw herself at your breast or at her opponents; you obviously missed something at the time and pushed her back, but you would have become a splendid couple in unity if it had been possible.

Ich hätte dadurch zwar einen Verbündeten verloren, 4.21
aber der Anblick von Euch beiden hätte mich
reich entschädigt, auch wärest ja Du durch das
unabsehbare Glück, wenigstens in einem Kind volle
Befriedigung zu finden, sehr zu meinen Gunsten
verwandelt worden.

I would have lost an ally, but the sight of the two of you
would have compensated me richly, and you would have
been greatly transformed in my favor by the incalculable
happiness of finding complete satisfaction in at least one
child.

Das alles ist heute allerdings nur ein Traum. 4.22

But all this is only a dream today.

Ottla hat keine Verbindung mit dem Vater, muß 4.23
ihren Weg allein suchen, wie ich, und um das
Mehr an Zuversicht, Selbstvertrauen, Gesundheit,
Bedenkenlosigkeit, das sie im Vergleich mit mir hat,
ist sie in Deinen Augen böser und verräterischer als
ich.

Ottla has no connection with her father, must seek her own
way, like me, and for the more confidence, self-confidence,
health and carelessness that she has in comparison with
me, she is in your eyes more wicked and treacherous
than I am.

Ich verstehe das; 4.24

I understand that;

von Dir aus gesehen kann sie nicht anders sein. 4.25

from your point of view, she can't be any different.

Ja sie selbst ist imstande, mit Deinen Augen sich 4.26
anzusehen, Dein Leid mitzufühlen und darüber –

Yes, she herself is able to look at herself with your eyes, to
sympathize with your suffering and to be very sad about
it –

4.27 **nicht verzweifelt zu sein, Verzweiflung ist meine Sache –**

not to be desperate, despair is my thing –

4.28 **aber sehr traurig zu sein.**

but very sad.

4.29 **Du siehst uns zwar, in scheinbarem Widerspruch hiezu, oft beisammen, wir flüstern, lachen, hie und da hörst Du Dich erwähnen.**

You often see us together, in apparent contradiction to this, we whisper, laugh, here and there you hear us mention each other.

4.30 **Du hast den Eindruck von frechen Verschwörern.**

You have the impression of cheeky conspirators.

4.31 **Merkwürdige Verschwörer.**

Strange conspirators.

Du bist allerdings ein Hauptthema unserer   4.32
Gespräche wie unseres Denkens seit jeher, aber
wahrhaftig nicht, um etwas gegen Dich auszudenken,
sitzen wir beisammen, sondern um mit aller
Anstrengung, mit Spaß, mit Ernst, mit Liebe, Trotz,
Zorn, Widerwille, Ergebung, Schuldbewußtsein,
mit allen Kräften des Kopfes und Herzens diesen
schrecklichen Prozeß, der zwischen uns und Dir
schwebt, in allen Einzelheiten, von allen Seiten,
bei allen Anlässen, von fern und nah gemeinsam
durchzusprechen, diesen Prozeß, in dem Du
immerfort Richter zu sein behauptest, während Du,
wenigstens zum größten Teil (hier lasse ich die Tür
allen Irrtümern offen, die mir natürlich begegnen
können) ebenso schwache und verblendete Partei bist
wie wir.

You have always been one of the main subjects of our
conversations and our thoughts, but we are not sitting
together to think up something against you, but to try
with all our might, with fun, with seriousness, with love,
defiance, anger, reluctance, surrender, consciousness
of guilt, with all the strength of our heads and hearts to
overcome this terrible process, that hovers between us and
you, in all details, from all sides, on all occasions, from
far and near, this process in which you constantly claim
to be the judge, while you are, at least for the most part
(here I leave the door open to all errors that I may of course
encounter) just as weak and blinded a party as we are.

Ein im Zusammenhang des Ganzen lehrreiches   5.1
Beispiel Deiner erzieherischen Wirkung war Irma.

Irma was an instructive example of your educational effect
in the context of the whole.

5.2 Einerseits war sie doch eine Fremde, kam schon erwachsen in Dein Geschäft, hatte mit Dir hauptsächlich als ihrem Chef zu tun, war also nur zum Teil und in einem schon widerstandsfähigen Alter Deinem Einfluß ausgesetzt;

On the one hand, she was a stranger, came into your business as an adult, had to deal with you mainly as her boss, and was therefore only partially exposed to your influence at an already resistant age;

5.3 andererseits aber war sie doch auch eine Blutsverwandte, verehrte in Dir den Bruder ihres Vaters, und Du hattest über sie viel mehr als die bloße Macht eines Chefs.

on the other hand, she was also a blood relative, revered her father's brother in you, and you had much more over her than the mere power of a boss.

5.4 Und trotzdem ist sie, die in ihrem schwachen Körper so tüchtig, klug, fleißig, bescheiden, vertrauenswürdig, uneigennützig, treu war, die Dich als Onkel liebte und als Chef bewunderte, die in anderen Posten vorher und nachher sich bewährte, Dir keine sehr gute Beamtin gewesen.

And yet she, who in her weak body was so capable, clever, hard-working, modest, trustworthy, unselfish, loyal, who loved you as an uncle and admired you as a boss, who proved herself in other positions before and after, was not a very good civil servant for you.

Sie war eben, natürlich auch von uns hingedrängt,   5.5
Dir gegenüber nahe der Kinderstellung, und so groß
war noch ihr gegenüber die umbiegende Macht
Deines Wesens, daß sich bei ihr (allerdings nur
Dir gegenüber und, hoffentlich, ohne das tiefere
Leid des Kindes) Vergeßlichkeit, Nachlässigkeit,
Galgenhumor, vielleicht sogar ein wenig Trotz,
soweit sie dessen überhaupt fähig war, entwickelten,
wobei ich gar nicht in Rechnung stelle, daß sie
kränklich gewesen ist, auch sonst nicht sehr
glücklich war und eine trostlose Häuslichkeit auf
ihr lastete.

She was, of course, also pushed by us, close to being a child
to you, and so great was the bending power of your nature
towards her that she developed (though only towards
you and, hopefully, without the deeper suffering of the
child) forgetfulness, carelessness, gallows humor, perhaps
even a little defiance, insofar as she was capable of it at all,
whereby I do not take into account the fact that she was
sickly, was not very happy in other respects either, and a
desolate domesticity weighed on her.

Das für mich Beziehungsreiche Deines Verhältnisses   5.6
zu ihr hast Du in einem für uns klassisch
gewordenen, fast gotteslästerlichen, aber gerade
für die Unschuld in Deiner Menschenbehandlung
sehr beweisenden Satz zusammengefaßt:

You summarized the richness of your relationship with her
for me in a sentence that has become classic for us, almost
blasphemous, but which proves the innocence of your
treatment of people:

»Die Gottselige hat mir viel Schweinerei   5.7
hinterlassen.«

"The godly one has left me a lot of mess."

6.1 Ich könnte noch weitere Kreise Deines Einflusses und des Kampfes gegen ihn beschreiben, doch käme ich hier schon ins Unsichere und müßte konstruieren, außerdem wirst Du ja, je weiter Du von Geschäft und Familie Dich entfernst, seit jeher desto freundlicher, nachgiebiger, höflicher, rücksichtsvoller, teilnehmender (ich meine auch äußerlich) ebenso wie ja zum Beispiel auch ein Selbstherrscher, wenn er einmal außerhalb der Grenzen seines Landes ist, keinen Grund hat, noch immer tyrannisch zu sein, und sich gutmütig auch mit den niedrigsten Leuten einlassen kann.

I could describe further circles of your influence and the struggle against it, but I would already be getting into uncertainty here and would have to construct, besides, the further you move away from business and family, the friendlier, more yielding, more polite you have always been, considerate, more participating (I mean outwardly too), just as, for example, an autocrat, once he is outside the borders of his country, has no reason to be tyrannical and can get on good-naturedly with even the lowliest people.

6.2 Tatsächlich standest Du zum Beispiel auf den Gruppenbildern aus Franzensbad immer so groß und fröhlich zwischen den kleinen mürrischen Leuten, wie ein König auf Reisen.

In fact, in the group pictures from Franzensbad, for example, you always stood so tall and cheerful among the grumpy little people, like a king on a journey.

Davon hätten allerdings auch die Kinder ihren
Vorteil haben können, nur hätten sie schon, was
unmöglich war, in der Kinderzeit fähig sein müssen,
das zu erkennen, und ich zum Beispiel hätte nicht
immerfort gewissermaßen im innersten, strengsten,
zuschnürenden Ring Deines Einflusses wohnen
dürfen, wie ich es ja wirklich getan habe.

6.3

The children could also have benefited from this, but
they would have had to be able to recognize this in their
childhood, which was impossible, and I, for example,
should not have been allowed to live in the innermost,
strictest, constricting ring of your influence, as I really did.

Ich verlor dadurch nicht nur den Familiensinn, wie
Du sagst, im Gegenteil, eher hatte ich noch Sinn für
die Familie, allerdings hauptsächlich negativ für die
(natürlich nie zu beendigende) innere Ablösung von
Dir.

7.1

I didn't just lose my sense of family as a result, as you say,
on the contrary, I still had a sense of family, but mainly
in a negative way for the (of course never-ending) inner
detachment from you.

Die Beziehungen zu den Menschen außerhalb der
Familie litten aber durch Deinen Einfluß womöglich
noch mehr.

7.2

Relationships with people outside the family may have
suffered even more because of your influence.

Du bist durchaus im Irrtum, wenn Du glaubst, für die
anderen Menschen tue ich aus Liebe und Treue alles,
für Dich und die Familie aus Kälte und Verrat nichts.

7.3

You are quite mistaken if you believe that I do everything
for other people out of love and loyalty, but nothing for you
and the family out of coldness and betrayal.

7.4 Ich wiederhole zum zehntenmal:

I repeat for the tenth time:

7.5 ich wäre wahrscheinlich auch sonst ein menschenscheuer, ängstlicher Mensch geworden, aber von da ist noch ein langer, dunkler Weg dorthin, wohin ich wirklich gekommen bin.

I would probably have become a shy, fearful person otherwise, but there is still a long, dark road from there to where I have really come.

7.6 (Bisher habe ich in diesem Brief verhältnismäßig weniges absichtlich verschwiegen, jetzt und später werde ich aber einiges verschweigen müssen, was – vor Dir und mir – einzugestehen, mir noch zu schwer ist.

(So far I have deliberately concealed relatively few things in this letter, but now and later I will have to conceal some things that are still too difficult for me to admit to you and myself.

7.7 Ich sage das deshalb, damit Du, wenn das Gesamtbild hie und da etwas undeutlich werden sollte, nicht glaubst, daß Mangel an Beweisen daran schuld ist, es sind vielmehr Beweise da, die das Bild unerträglich kraß machen könnten.

I am saying this so that if the overall picture should become somewhat unclear here and there, you will not think that lack of evidence is to blame; on the contrary, there is evidence that could make the picture unbearably stark.

7.8 Es ist nicht leicht, darin eine Mitte zu finden.)

It is not easy to find a middle ground.)

7.9 Hier genügt es übrigens, an Früheres zu erinnern:

Here, by the way, it suffices to recall what has gone before:

Ich hatte vor Dir das Selbstvertrauen verloren, 7.10

I had lost my self-confidence before you,

dafür ein grenzenloses Schuldbewußtsein 7.11
eingetauscht.

in exchange for a boundless sense of guilt.

(In Erinnerung an diese Grenzenlosigkeit schrieb ich 7.12
von jemandem einmal richtig:

(In memory of this boundlessness, I once correctly wrote of
someone:

»Er fürchtet, die Scham werde ihn noch überleben. 7.13

"He fears that shame will outlive him.

«) Ich konnte mich nicht plötzlich verwandeln, 7.14
wenn ich mit anderen Menschen zusammenkam,
ich kam vielmehr ihnen gegenüber noch in tieferes
Schuldbewußtsein, denn ich mußte ja, wie ich schon
sagte, das an ihnen gutmachen, was Du unter meiner
Mitverantwortung im Geschäft an ihnen verschuldet
hattest.

") I could not suddenly change when I came into contact
with other people; on the contrary, I became even more
deeply guilty towards them, because, as I have already said,
I had to make up to them for what you had done to them
under my joint responsibility in business.

Außerdem hattest Du ja gegen jeden, mit dem 7.15
ich verkehrte, offen oder im Geheimen etwas
einzuwenden, auch das mußte ich ihm abbitten.

Besides, you had open or secret objections to everyone I
associated with, and I had to forgive him for that too.

92

7.16 Das Mißtrauen, das Du mir in Geschäft und Familie gegen die meisten Menschen beizubringen suchtest (nenne mir einen in der Kinderzeit irgendwie für mich bedeutenden Menschen, den Du nicht wenigstens einmal bis in den Grund hinunterkritisiert hättest) und das Dich merkwürdigerweise gar nicht besonders beschwerte (Du warst eben stark genug es zu ertragen, außerdem war es in Wirklichkeit vielleicht nur ein Emblem des Herrschers) –

The mistrust you tried to instill in me against most people in business and family (name one person who was somehow important to me in my childhood whom you didn't criticize to the core at least once) and which, strangely enough, didn't bother you at all (you were just strong enough to bear it, Besides, in reality it was perhaps only an emblem of the ruler) –

7.17 dieses Mißtrauen, das sich mir Kleinem für die eigenen Augen nirgends bestätigte, da ich überall nur unerreichbar ausgezeichnete Menschen sah, wurde in mir zu Mißtrauen zu mir selbst und zur fortwährenden Angst vor allem andern.

this mistrust, which was nowhere confirmed to my own eyes, since I saw everywhere only unattainably excellent people, became in me a mistrust of myself and a constant fear of everything else.

7.18 Dort konnte ich mich also im allgemeinen vor Dir gewiß nicht retten.

So I could certainly not save myself from you there in general.

Daß Du Dich darüber täuschtest, lag vielleicht
daran, daß Du ja von meinem Menschenverkehr
eigentlich gar nichts erfuhrst, und mißtrauisch
und eifersüchtig (leugne ich denn, daß Du mich lieb
hast?)

7.19

That you were mistaken about this was perhaps due to
the fact that you were not actually aware of my human
intercourse, and suspiciously and jealously (do I deny that
you love me?)

annahmst, daß ich mich für den Entgang an
Familienleben anderswo entschädigen müsse, da
es doch unmöglich wäre, daß ich draußen ebenso
lebe.

7.20

assumed that I must compensate myself for the loss of
family life elsewhere, since it would be impossible for me to
live the same way outside.

Übrigens hatte ich in dieser Hinsicht gerade in
meiner Kinderzeit noch einen gewissen Trost eben
im Mißtrauen zu meinem Urteil;

7.21

Incidentally, I had a certain consolation in this respect,
especially in my childhood, precisely in my distrust of my
judgment;

ich sagte mir:

7.22

I said to myself:

»Du übertreibst doch, fühlst, wie das die Jugend
immer tut, Kleinigkeiten zu sehr als große
Ausnahmen.«

7.23

"You are exaggerating, you feel, as youth always does, that
small things are too great exceptions."

7.24 Diesen Trost habe ich aber später bei steigender Weltübersicht fast verloren.

Later, however, I almost lost this consolation as my understanding of the world grew.

8.1 Ebensowenig Rettung vor Dir fand ich im Judentum.

Nor did I find salvation from you in Judaism.

8.2 Hier wäre ja an sich Rettung denkbar gewesen, aber noch mehr, es wäre denkbar gewesen, daß wir uns beide im Judentum gefunden hätten oder daß wir gar von dort einig ausgegangen wären.

Here salvation would have been conceivable in itself, but even more, it would have been conceivable that we both would have found each other in Judaism or that we would even have started out from there as one.

8.3 Aber was war das für Judentum, das ich von Dir bekam!

But what kind of Judaism did I get from you!

8.4 Ich habe im Laufe der Jahre etwa auf dreierlei Art mich dazu gestellt.

Over the years, I have come to it in three different ways.

9.1 Als Kind machte ich mir, in Übereinstimmung mit Dir, Vorwürfe deshalb, weil ich nicht genügend in den Tempel ging, nicht fastete und so weiter.

As a child I reproached myself, in agreement with you, for not going to the temple enough, not fasting and so on.

Ich glaubte nicht mir, sondern Dir ein Unrecht damit 9.2
zu tun und Schuldbewußtsein, das ja immer bereit
war, durchlief mich.

I didn't think I was doing wrong, but that I was doing
wrong to you, and guilt, which was always present, ran
through me.

Kapitel 5

Chapter 5

1.1 Später, als junger Mensch, verstand ich nicht, wie Du mit dem Nichts von Judentum, über das Du verfügtest, mir Vorwürfe deshalb machen konntest, daß ich (schon aus Pietät, wie Du Dich ausdrücktest) nicht ein ähnliches Nichts auszuführen mich anstrenge.

Later, as a young man, I didn't understand how you could reproach me with the nothingness of Judaism that you possessed, that I (out of piety, as you put it) didn't try to carry out a similar nothingness.

1.2 Es war ja wirklich, soweit ich sehen konnte, ein Nichts, ein Spaß, nicht einmal ein Spaß.

It really was, as far as I could see, a nothing, a joke, not even a joke.

Du gingst an vier Tagen im Jahr in den Tempel,   1.3
warst dort den Gleichgültigen zumindest näher
als jenen, die es ernst nahmen, erledigtest geduldig
die Gebete als Formalität, setztest mich manchmal
dadurch in Erstaunen, daß Du mir im Gebetbuch die
Stelle zeigen konntest, die gerade rezitiert wurde,
im übrigen durfte ich, wenn ich nur (das war die
Hauptsache) im Tempel war, mich herumdrücken,
wo ich wollte.

You went to the temple four days a year, were at least
closer to the indifferent than to those who took it seriously,
patiently performed the prayers as a formality, sometimes
astonished me by being able to show me the passage in the
prayer book that was being recited, and apart from that,
when I was in the temple (that was the main thing), I was
allowed to move around wherever I wanted.

Ich durchgähnte und durchduselte also dort die   1.4
vielen Stunden (so gelangweilt habe ich mich
später, glaube ich, nur noch in der Tanzstunde)
und suchte mich möglichst an den paar kleinen
Abwechslungen zu freuen, die es dort gab, etwa
wenn die Bundeslade aufgemacht wurde, was mich
immer an die Schießbuden erinnerte, wo auch,
wenn man in ein Schwarzes traf, eine Kastentür
sich aufmachte, nur daß dort aber immer etwas
Interessantes herauskam und hier nur immer wieder
die alten Puppen ohne Köpfe.

So I yawned and dozed through the many hours there (later
I think I was only so bored in dance class) and tried to enjoy
the few little diversions there were, such as when the Ark
of the Covenant was opened, which always reminded me
of the shooting galleries where, if you hit a black box, a box
door opened, except that something interesting always
came out there and here only the old dolls without heads.

1.5 Übrigens habe ich dort auch viel Furcht gehabt, nicht nur, wie selbstverständlich, vor den vielen Leuten, mit denen man in nähere Berührung kam, sondern auch deshalb, weil Du einmal nebenbei erwähntest, daß auch ich zur Thora aufgerufen werden könne.

Incidentally, I also had a lot of fear there, not only of the many people you came into close contact with, but also because you once mentioned in passing that I too could be called to the Torah.

1.6 Davor zitterte ich jahrelang.

I trembled about that for years.

Sonst aber wurde ich in meiner Langweile nicht   1.7
wesentlich gestört, höchstens durch die Barmizwe,
die aber nur lächerliches Auswendiglernen verlangte,
also nur zu einer lächerlichen Prüfungsleistung
führte, und dann, was Dich betrifft, durch
kleine, wenig bedeutende Vorfälle, etwa wenn
Du zur Thora gerufen wurdest und dieses für
mein Gefühl ausschließlich gesellschaftliche
Ereignis gut überstandest oder wenn Du bei der
Seelengedächtnisfeier im Tempel bliebst und ich
weggeschickt wurde, was mir durch lange Zeit,
offenbar wegen des Weggeschicktwerdens und
mangels jeder tieferen Teilnahme, das kaum bewußt
werdende Gefühl hervorrief, daß es sich hier um
etwas Unanständiges handle.

Otherwise, however, I was not significantly disturbed
in my boredom, at most by the Barmizvah, which only
demanded ridiculous memorization and thus only led to
a ridiculous exam performance, and then, as far as you
were concerned, by small, insignificant incidents, for
example, when you were called to the Torah and survived
this exclusively social event well, as far as I was concerned,
or when you stayed in the temple for the memorial service
and I was sent away, which for a long time, apparently
because of being sent away and for lack of any deeper
participation, gave me the barely conscious feeling that
this was something indecent.

– So war es im Tempel, zu Hause war es womöglich   1.8
noch ärmlicher und beschränkte sich auf den ersten
Sederabend, der immer mehr zu einer Komödie mit
Lachkrämpfen wurde, allerdings unter dem Einfluß
der größer werdenden Kinder.

– It was like that in the temple; at home it was perhaps even
poorer and was limited to the first Seder evening, which
increasingly became a comedy with fits of laughter, albeit
under the influence of the growing children.

1.9 (Warum mußtest Du Dich diesem Einfluß fügen?
(Why did you have to submit to this influence?

1.10 Weil Du ihn hervorgerufen hast.)
Because you caused it.)

1.11 Das war also das Glaubensmaterial, das mir
überliefert wurde, dazu kam höchstens noch die
ausgestreckte Hand, die auf
So that was the religious material that was handed down to
me, plus at most the outstretched hand that pointed to

1.12 »die Söhne des Millionärs Fuchs«
"the sons of the millionaire fox"

1.13 hinwies, die an hohen Feiertagen mit ihrem Vater im
Tempel waren.
who were in the temple with their father on high holidays.

1.14 Wie man mit diesem Material etwas Besseres tun
könnte, als es möglichst schnell loszuwerden,
verstand ich nicht;
I did not understand how one could do anything better
with this material than to get rid of it as quickly as possible;

1.15 gerade dieses Loswerden schien mir die pietätvollste
Handlung zu sein.
getting rid of it seemed to me to be the most reverent act.

2.1 Noch später sah ich es aber doch wieder anders an
und begriff, warum Du glauben durftest, daß ich
Dich auch in dieser Hinsicht böswillig verrate.
But later I changed my mind and realized why you were
allowed to believe that I was maliciously betraying you in
this respect too.

Du hattest aus der kleinen ghettoartigen   2.2
Dorfgemeinde wirklich noch etwas Judentum
mitgebracht, es war nicht viel und verlor sich noch
ein wenig in der Stadt und beim Militär, immerhin
reichten noch die Eindrücke und Erinnerungen
der Jugend knapp zu einer Art jüdischen Lebens
aus, besonders da Du ja nicht viel derartige Hilfe
brauchtest, sondern von einem sehr kräftigen Stamm
warst und für Deine Person von religiösen Bedenken,
wenn sie nicht mit gesellschaftlichen Bedenken sich
sehr mischten, kaum erschüttert werden konntest.

You had really brought some Judaism with you from the
small ghetto-like village community, it wasn't much and
was lost a little in the city and in the military, but the
impressions and memories of your youth were still just
enough for a kind of Jewish life, especially since you didn't
need much such help, but were of a very strong stock
and for your person could hardly be shaken by religious
concerns, unless they were very much mixed with social
concerns.

Im Grund bestand der Dein Leben führende Glaube   2.3
darin, daß Du an die unbedingte Richtigkeit
der Meinungen einer bestimmten jüdischen
Gesellschaftsklasse glaubtest und eigentlich also,
da diese Meinungen zu Deinem Wesen gehörten, Dir
selbst glaubtest.

Basically, the faith that guided your life was that you
believed in the unconditional correctness of the opinions
of a certain Jewish social class and, since these opinions
were part of your nature, you actually believed in yourself.

2.4 Auch darin lag noch genug Judentum, aber zum Weiter-überliefert-werden war es gegenüber dem Kind zu wenig, es vertropfte zur Gänze, während Du es weitergabst.

There was still enough Jewishness in this, but it was too little for the child to pass on, it withered away completely while you passed it on.

2.5 Zum Teil waren es unüberlieferbare Jugendeindrücke,

Partly it was the impressions of your youth that could not be passed on,

2.6 zum Teil Dein gefürchtetes Wesen.

partly your feared nature.

2.7 Es war auch unmöglich, einem vor lauter Ängstlichkeit überscharf beobachtenden Kind begreiflich zu machen, daß die paar Nichtigkeiten, die Du im Namen des Judentums mit einer ihrer Nichtigkeit entsprechenden Gleichgültigkeit ausführtest, einen höheren Sinn haben konnten.

It was also impossible to make a child who was over-observant with anxiety understand that the few inanities that you carried out in the name of Judaism with an indifference corresponding to their inanity could have a higher meaning.

2.8 Für Dich hatten sie Sinn als kleine Andenken aus früheren Zeiten, und deshalb wolltest Du sie mir vermitteln, konntest dies aber, da sie ja auch für Dich keinen Selbstwert mehr hatten, nur durch Überredung oder Drohung tun;

For you they had meaning as small souvenirs from earlier times, and therefore you wanted to convey them to me, but since they no longer had any self-worth for you either, you could only do this by persuasion or threat;

das konnte einerseits nicht gelingen und mußte 2.9
andererseits Dich, da Du Deine schwache Position
hier gar nicht erkanntest, sehr zornig gegen mich
wegen meiner scheinbaren Verstocktheit machen.

on the one hand this could not succeed and on the other
hand, since you did not even recognize your weak position
here, it must have made you very angry with me because of
my apparent obduracy.

Das Ganze ist ja keine vereinzelte Erscheinung, 3.1
ähnlich verhielt es sich bei einem großen Teil
dieser jüdischen Übergangsgeneration, welche vom
verhältnismäßig noch frommen Land in die Städte
auswanderte;

The whole thing is not an isolated phenomenon, it was
similar with a large part of this Jewish transitional
generation, which emigrated from the relatively still pious
country to the cities;

das ergab sich von selbst, nur fügte es eben unserem 3.2
Verhältnis, das ja an Schärfen keinen Mangel hatte,
noch eine genug schmerzliche hinzu.

that was self-evident, only it added a sufficiently painful
one to our relationship, which had no lack of sharpness.

3.3 Dagegen sollst Du zwar auch in diesem Punkt, ebenso wie ich, an Deine Schuldlosigkeit glauben, diese Schuldlosigkeit aber durch Dein Wesen und durch die Zeitverhältnisse erklären, nicht aber bloß durch die äußeren Umstände, also nicht etwa sagen, Du hättest zu viel andere Arbeit und Sorgen gehabt, als daß Du Dich auch noch mit solchen Dingen hättest abgeben können.

On the other hand, you should, like me, believe in your guiltlessness on this point, but explain this guiltlessness by your nature and by the circumstances of the time, not merely by external circumstances, i.e. not say that you had too much other work and worries to be able to concern yourself with such things.

3.4 Auf diese Weise pflegst Du aus Deiner zweifellosen Schuldlosigkeit einen ungerechten Vorwurf gegen andere zu drehen.

In this way you tend to turn your undoubted guiltlessness into an unjust reproach against others.

3.5 Das ist dann überall und auch hier sehr leicht zu widerlegen.

This is then very easy to refute everywhere and also here.

3.6 Es hätte sich doch nicht etwa um irgendeinen Unterricht gehandelt, den Du Deinen Kindern hättest geben sollen, sondern um ein beispielhaftes Leben;

It would not have been a question of any lessons you should have given your children, but of an exemplary life;

wäre Dein Judentum stärker gewesen, wäre auch
Dein Beispiel zwingender gewesen, das ist ja
selbstverständlich und wieder gar kein Vorwurf,
sondern nur eine Abwehr Deiner Vorwürfe.

3.7

if your Judaism had been stronger, your example would
also have been more compelling, which is of course and
again not an accusation at all, but only a defense against
your accusations.

Du hast letzthin Franklins Jugenderinnerungen
gelesen.

3.8

You recently read Franklin's memoirs of his youth.

Ich habe sie Dir wirklich absichtlich zum Lesen
gegeben, aber nicht, wie Du ironisch bemerktest,
wegen einer kleinen Stelle über Vegetarianismus,
sondern wegen des Verhältnisses zwischen dem
Verfasser und seinem Vater, wie es dort beschrieben
ist, und des Verhältnisses zwischen dem Verfasser
und seinem Sohn, wie es sich von selbst in diesen für
den Sohn geschriebenen Erinnerungen ausdrückt.

3.9

I really did give it to you to read on purpose, but not, as
you ironically remarked, because of a small passage
about vegetarianism, but because of the relationship
between the author and his father, as described there, and
the relationship between the author and his son, as it is
expressed by itself in these memoirs written for the son.

Ich will hier nicht Einzelheiten hervorheben.

3.10

I will not emphasize details here.

4.1 Eine gewisse nachträgliche Bestätigung dieser Auffassung von Deinem Judentum bekam ich auch durch Dein Verhalten in den letzten Jahren, als es Dir schien, daß ich mich mit jüdischen Dingen mehr beschäftige.

I also received a certain subsequent confirmation of this view of your Jewishness through your behavior in recent years, when it seemed to you that I was more concerned with Jewish things.

4.2 Da Du von vornherein gegen jede meiner Beschäftigungen und besonders gegen die Art meiner Interessennahme eine Abneigung hast,

Since you had an aversion from the outset to any of my occupations and especially to the kind of interest I took,

4.3 so hattest Du sie auch hier.

you also had it here.

4.4 Aber darüber hinaus hätte man doch erwarten können,

But beyond that,

4.5 daß Du hier eine kleine Ausnahme machst.

one might have expected you to make a small exception here.

4.6 Es war doch Judentum von Deinem Judentum, das sich hier regte, und damit also auch die Möglichkeit der Anknüpfung neuer Beziehungen zwischen uns.

After all, it was Judaism from your Judaism that was stirring here, and thus also the possibility of establishing new relations between us.

Ich leugne nicht, daß mir diese Dinge, wenn Du für sie Interesse gezeigt hättest, gerade dadurch hätten verdächtig werden können.   4.7

I do not deny that if you had shown interest in these things, they could have made me suspicious.

Es fällt mir ja nicht ein, behaupten zu wollen, daß ich in dieser Hinsicht irgendwie besser bin als Du.   4.8

It does not occur to me to claim that I am somehow better than you in this respect.

Aber zu der Probe darauf kam es gar nicht.   4.9

But it never came to that.

Durch meine Vermittlung wurde Dir das Judentum abscheulich, jüdische Schriften unlesbar, sie   4.10

Through my mediation, Judaism became abhorrent to you, Jewish writings unreadable, they

»ekelten Dich an«.   4.11

"disgusted you".

Das konntc bedeuten, daß Du darauf bestandest, nur gerade das Judentum, wie Du es mir in meiner Kinderzeit gezeigt hattest, sei das einzig Richtige, darüber hinaus gebe es nichts.   4.12

This could mean that you insisted that Judaism, as you had shown it to me in my childhood, was the only right thing, that there was nothing beyond it.

Aber daß Du darauf bestehen solltest, war doch kaum denkbar.   4.13

But that you should insist on this was hardly conceivable.

Dann aber konnte der »Ekel«   4.14

But then the "disgust"

4.15 (abgesehen davon, daß er sich zunächst nicht gegen das Judentum, sondern gegen meine Person richtete) nur bedeuten, daß Du unbewußt die Schwäche Deines Judentums und meiner jüdischen Erziehung anerkanntest, auf keine Weise daran erinnert werden wolltest und auf alle Erinnerungen mit offenem Hasse antwortetest.

(apart from the fact that it was not initially directed against Judaism, but against my person) could only mean that you unconsciously recognized the weakness of your Judaism and my Jewish upbringing, did not want to be reminded of it in any way and responded to all reminders with open hatred.

4.16 Übrigens war Deine negative Hochschätzung meines neuen Judentums sehr übertrieben;

Incidentally, your negative esteem for my new Jewishness was very exaggerated;

4.17 erstens trug es ja Deinen Fluch in sich und zweitens war für seine Entwicklung das grundsätzliche Verhältnis zu den Mitmenschen entscheidend, in meinem Fall also tödlich.

firstly, it carried your curse within it and secondly, the fundamental relationship to fellow human beings was decisive for its development, in my case it was fatal.

5.1 Richtiger trafst Du mit Deiner Abneigung mein Schreiben und was, Dir unbekannt, damit zusammenhing.

You were more correct in your dislike of my writing and what, unknown to you, was connected with it.

Hier war ich tatsächlich ein Stück selbständig von Dir weggekommen, wenn es auch ein wenig an den Wurm erinnerte, der, hinten von einem Fuß niedergetreten, sich mit dem Vorderteil losreißt und zur Seite schleppt. 5.2

Here I had actually gotten away from you a bit, even if it reminded me a little of the worm that, trampled on by a foot behind, breaks free with its front part and drags itself to the side.

Einigermaßen in Sicherheit war ich, es gab ein Aufatmen; 5.3

I was somewhat safe, I breathed a sigh of relief;

die Abneigung, die Du natürlich auch gleich gegen mein Schreiben hattest, war mir hier ausnahmsweise willkommen. 5.4

the aversion you naturally had to my writing was welcome here for once.

Meine Eitelkeit, mein Ehrgeiz litten zwar unter Deiner für uns berühmt gewordenen Begrüßung meiner Bücher: 5.5

My vanity and my ambition suffered from your famous greeting to my books:

»Legs auf den Nachttisch!« 5.6

"Put them on the bedside table!"

5.7 (meistens spieltest Du ja Karten, wenn ein Buch kam),
aber im Grunde war mir dabei doch wohl, nicht nur
aus aufbegehrender Bosheit, nicht nur aus Freude
über eine neue Bestätigung meiner Auffassung
unseres Verhältnisses, sondern ganz ursprünglich,
weil jene Formel mir klang wie etwa:

(you usually played cards when a book arrived), but
basically I felt good about it, not just out of rebellious
malice, not just out of joy at a new confirmation of my view
of our relationship, but originally because that formula
sounded to me like:

5.8 »Jetzt bist Du frei!«

"Now you're free!"

5.9 Natürlich war es eine Täuschung, ich war nicht oder
allergünstigsten Falles noch nicht frei.

Of course it was a deception, I was not free or, at best, not
yet free.

5.10 Mein Schreiben handelte von Dir, ich klagte dort ja
nur, was ich an Deiner Brust nicht klagen konnte.

My letter was about you, I was only complaining about
what I couldn't complain about on your chest.

5.11 Es war ein absichtlich in die Länge gezogener
Abschied von Dir, nur daß er zwar von Dir
erzwungen war, aber in der von mir bestimmten
Richtung verlief.

It was a deliberately protracted farewell to you, except that
although it was forced by you, it went in the direction I had
intended.

5.12 Aber wie wenig war das alles!

But how little was all that!

Es ist ja überhaupt nur deshalb der Rede wert, weil   5.13
es sich in meinem Leben ereignet hat, anderswo
wäre es gar nicht zu merken, und dann noch deshalb,
weil es mir in der Kindheit als Ahnung, später als
Hoffnung, noch später oft als Verzweiflung mein
Leben beherrschte und mir – wenn man will, doch
wieder in Deiner Gestalt – meine paar kleinen
Entscheidungen diktierte.

It is only worth mentioning because it happened in my
life, otherwise it would not have been noticed at all,
and also because it dominated my life in childhood as a
presentiment, later as hope, and still later often as despair,
and dictated my few small decisions - if you like, again in
your form.

Zum Beispiel die Berufswahl.   6.1

For example, the choice of profession.

Gewiß, Du gabst mir hier völlige Freiheit in Deiner   6.2
großzügigen und in diesem Sinn sogar geduldigen
Art.

Certainly, you gave me complete freedom here in your
generous and, in this sense, even patient manner.

Allerdings folgtest Du hiebei auch der für Dich   6.3
maßgebenden allgemeinen Söhnebehandlung
des jüdischen Mittelstandes oder zumindest den
Werturteilen dieses Standes.

However, you also followed the general treatment of
the sons of the Jewish middle class, or at least the value
judgments of this class, which was decisive for you.

Schließlich wirkte hiebei auch eines Deiner   6.4
Mißverständnisse hinsichtlich meiner Person mit.

Finally, one of your misunderstandings about me also
played a part in this.

6.5 **Du hältst mich nämlich seit jeher aus Vaterstolz, aus Unkenntnis meines eigentlichen Daseins, aus Rückschlüssen aus meiner Schwächlichkeit für besonders fleißig.**

You have always considered me to be particularly industrious out of paternal pride, out of ignorance of my actual existence, out of conclusions drawn from my weakness.

6.6 **Als Kind habe ich Deiner Meinung nach immerfort gelernt und später immerfort geschrieben.**

In your opinion, as a child I was always learning and later always writing.

6.7 **Das stimmt nun nicht im entferntesten.**

That's not even remotely true.

6.8 **Eher kann man mit viel weniger Übertreibung sagen,**

Rather,

6.9 **daß ich wenig gelernt und nichts erlernt habe;**

one can say with much less exaggeration that I learned little and acquired nothing;

daß etwas in den vielen Jahren bei einem
mittleren Gedächtnis, bei nicht allerschlechtester
Auffassungskraft hängengeblieben ist, ist ja
nicht sehr merkwürdig, aber jedenfalls ist das
Gesamtergebnis an Wissen, und besonders an
Fundierung des Wissens, äußerst kläglich im
Vergleich zu dem Aufwand an Zeit und Geld
inmitten eines äußerlich sorglosen, ruhigen Lebens,
besonders auch im Vergleich zu fast allen Leuten, die
ich kenne.

6.10

it is not very strange that something has stuck in the many
years with an average memory, with not the worst powers
of comprehension, but in any case the overall result in
knowledge, and especially in the foundation of knowledge,
is extremely miserable in comparison to the expenditure
of time and money in the midst of an outwardly carefree,
quiet life, especially in comparison to almost all the people
I know.

Es ist kläglich, aber für mich verständlich.

6.11

It's miserable, but understandable to me.

Ich hatte, seitdem ich denken kann, solche tiefste
Sorgen der geistigen Existenzbehauptung, daß mir
alles andere gleichgültig war.

6.12

For as long as I can remember, I have had such profound
worries about asserting my spiritual existence that I was
indifferent to everything else.

6.13 Jüdische Gymnasiasten bei uns sind leicht merkwürdig, man findet da das Unwahrscheinlichste, aber meine kalte, kaum verhüllte, unzerstörbare, kindlich hilflose, bis ins Lächerliche gehende, tierisch selbstzufriedene Gleichgültigkeit eines für sich genug, aber kalt phantastischen Kindes habe ich sonst nirgends wieder gefunden, allerdings war sie hier auch der einzige Schutz gegen die Nervenzerstörung durch Angst und Schuldbewußtsein.

Jewish grammar school pupils here are easily strange, one finds the most improbable things there, but my cold, barely veiled, indestructible, childishly helpless, animalistic, self-satisfied indifference of a child that is enough in itself, but coldly fantastic, I have not found anywhere else, although here it was also the only protection against the destruction of my nerves through fear and guilt.

6.14 Mich beschäftigte nur die Sorge um mich,

I was only concerned about myself,

6.15 diese aber in verschiedenster Weise.

but in many different ways.

6.16 Etwa als Sorge um meine Gesundheit;

For example, as a worry about my health;

6.17 es fing leicht an, hier und dort ergab sich eine kleine Befürchtung wegen der Verdauung, des Haarausfalls, einer Rückgratverkrümmung und so weiter, das steigerte sich in unzählbaren Abstufungen, schließlich endete es mit einer wirklichen Krankheit.

it started off lightly, here and there a small fear arose about digestion, hair loss, a curvature of the spine and so on, which increased in countless gradations, finally ending with a real illness.

Aber da ich keines Dinges sicher war, von jedem   6.18
Augenblick eine neue Bestätigung meines
Daseins brauchte, nichts in meinem eigentlichen,
unzweifelhaften, alleinigen, nur durch mich
eindeutig bestimmten Besitz war, in Wahrheit
ein enterbter Sohn, wurde mir natürlich auch das
Nächste, der eigene Körper unsicher;

But since I was not sure of anything, needed new
confirmation of my existence at every moment, had
nothing in my actual, unquestionable, sole possession,
determined only by myself, in truth a disinherited son, I
naturally also became insecure about the next thing, my
own body;

ich wuchs lang in die Höhe, wußte damit aber nichts   6.19
anzufangen, die Last war zu schwer, der Rücken
wurde krumm;

I grew tall, but knew nothing to do with it, the burden was
too heavy, my back became crooked;

ich wagte mich kaum zu bewegen oder gar zu turnen,   6.20

I hardly dared to move or even do gymnastics,

ich blieb schwach;   6.21

I remained weak;

staunte alles, worüber ich noch verfügte, als Wunder   6.22
an, etwa meine gute Verdauung;

I marveled at everything I still had at my disposal as a
miracle, such as my good digestion;

6.23 das genügte, um sie zu verlieren, und damit war der Weg zu aller Hypochondrie frei, bis dann unter der übermenschlichen Anstrengung des Heiraten-Wollens (darüber spreche ich noch) das Blut aus der Lunge kam, woran ja die Wohnung im Schönbornpalais –

that was enough to make me lose it, and so the path to all hypochondria was clear, until the blood came out of my lungs under the superhuman effort of wanting to get married (I'll talk about that later), for which the apartment in the Schönbornpalais –

6.24 die ich aber nur deshalb brauchte, weil ich sie für mein Schreiben zu brauchen glaubte, so daß auch das auf dieses Blatt gehört –

which I only needed because I thought I needed it for my writing, so that also belongs on this page –

6.25 genug Anteil haben kann.

can have enough to do.

6.26 Also das alles stammte nicht von übergroßer Arbeit,

So none of this came from excessive work,

6.27 wie Du Dir es immer vorstellst.

as you always imagine.

6.28 Es gab Jahre, in denen ich bei voller Gesundheit mehr Zeit auf dem Kanapee verfaulenzt habe, als Du in Deinem ganzen Leben, alle Krankheiten eingerechnet.

There were years in which I spent more time lazing on the sofa in full health than you did in your entire life, all illnesses included.

Wenn ich höchstbeschäftigt von Dir fortlief, war es meist, um mich in meinem Zimmer hinzulegen.

6.29

When I left you at my busiest, it was usually to lie down in my room.

Meine Gesamtarbeitsleistung sowohl im Büro (wo allerdings Faulheit nicht sehr auffällt und überdies durch meine Ängstlichkeit in Grenzen gehalten war) als auch zu Hause ist winzig;

6.30

My total work output both at the office (where, however, laziness is not very noticeable and was moreover kept within limits by my anxiety) and at home is minuscule;

hättest Du darüber einen Überblick, würde es Dich entsetzen.

6.31

if you had an overview of it, you would be horrified.

Wahrscheinlich bin ich in meiner Anlage gar nicht faul,

6.32

I'm probably not lazy at all,

aber es gab für mich nichts zu tun.

6.33

but there was nothing for me to do.

Dort, wo ich lebte, war ich verworfen, abgeurteilt, niedergekämpft, und anderswohin mich zu flüchten strengte mich zwar äußerst an, aber das war keine Arbeit, denn es handelte sich um Unmögliches, das für meine Kräfte bis auf kleine Ausnahmen unerreichbar war.

6.34

Where I lived, I was rejected, condemned, beaten down, and to flee elsewhere was extremely strenuous for me, but it was not work, because it was the impossible, unattainable for my strength, with a few exceptions.

Kapitel 6

Chapter 6

1.1 In diesem Zustand bekam ich also die Freiheit der Berufswahl.

In this state, I was given the freedom to choose a career.

1.2 War ich aber überhaupt noch fähig, eine solche Freiheit eigentlich zu gebrauchen?

But was I still capable of actually making use of this freedom?

1.3 Traute ich mir es denn noch zu, einen wirklichen Beruf erreichen zu können?

Did I still believe that I could achieve a real profession?

1.4 Meine Selbstbewertung war von Dir viel abhängiger als von irgend etwas sonst,

My self-assessment was much more dependent on you than on anything else,

1.5 etwa von einem äußeren Erfolg.

such as external success.

Der war die Stärkung eines Augenblicks, sonst nichts, aber auf der anderen Seite zog Dein Gewicht immer viel stärker hinunter. 1.6

It was the strengthening of a moment, nothing else, but on the other hand your weight always pulled me down much more.

Niemals würde ich durch die erste Volksschulklasse kommen, dachte ich, aber es gelang, ich bekam sogar eine Prämie; 1.7

I would never get through the first year of elementary school, I thought, but I succeeded, I even got a bonus;

aber die Aufnahmeprüfung ins Gymnasium würde ich gewiß nicht bestehn, 1.8

but I would certainly not pass the entrance examination for grammar school,

aber es gelang; 1.9

but I succeeded;

aber nun falle ich in der ersten Gymnasialklasse bestimmt durch, nein, ich fiel nicht durch und es gelang immer weiter und weiter. 1.10

but now I would definitely fail the first year of grammar school, no, I didn't fail and I succeeded further and further.

Daraus ergab sich aber keine Zuversicht, im Gegenteil, immer war ich überzeugt – 1.11

On the contrary, I was always convinced –

und in Deiner abweisenden Miene halte ich förmlich den Beweis dafür – 1.12

and in your dismissive expression I literally see the proof of it –

1.13 daß, je mehr mir gelingt, desto schlimmer es
schließlich wird ausgehn müssen.

that the more I succeeded, the worse it would end up.

1.14 Oft sah ich im Geist die schreckliche Versammlung
der Professoren (das Gymnasium ist nur das
einheitlichste Beispiel,

I often saw in my mind the terrible gathering of the
professors (the Gymnasium is only the most uniform
example,

1.15 überall um mich war es aber ähnlich), wie sie,

but everywhere around me it was similar), how,

1.16 wenn ich die Prima überstanden hatte, also in der
Sekunda,

when I had passed the Prima, i.e. in the Sekunda,

1.17 wenn ich diese überstanden hatte,

when I had passed this,

1.18 also in der Tertia und so weiter zusammenkommen
würden,

i.e. in the Tertia,

1.19 um diesen einzigartigen, himmelschreienden Fall zu
untersuchen,

and so on, they would come together to investigate this
unique,

1.20 wie es mir,

how I,

1.21 dem Unfähigsten und jedenfalls Unwissendsten
gelungen war,

the most incompetent and in any case the most ignorant,

mich bis hinauf in diese Klasse zu schleichen, die
mich,

1.22

had managed to sneak up to this class, which,

da nun die allgemeine Aufmerksamkeit auf mich
gelenkt war,

1.23

now that the general attention had been drawn to me,

natürlich sofort ausspeien würde,

1.24

would of course spit me out immediately,

zum Jubel aller von diesem Albdruck befreiten
Gerechten.

1.25

to the jubilation of all the righteous freed from this
nightmare.

– Mit solchen Vorstellungen zu leben ist für ein Kind
nicht leicht.

1.26

– Living with such notions is not easy for a child.

Was kümmerte mich unter diesen Umständen der
Unterricht.

1.27

What did I care about lessons under these circumstances.

Wer war imstande, aus mir einen Funken von
Anteilnahme herauszuschlagen?

1.28

Who was able to get a spark of sympathy out of me?

Mich interessierte der Unterricht –

1.29

I was interested in the lessons –

und nicht nur der Unterricht,

1.30

and not just the lessons,

sondern alles ringsherum in diesem entscheidenden
Alter –

1.31

but everything around me at that crucial age –

1.32 etwa so wie einen Bankdefraudanten, der noch in Stellung ist und vor der Entdeckung zittert, das kleine laufende Bankgeschäft interessiert, das er noch immer als Beamter zu erledigen hat.

in the same way that a bank defraudant, still in his position and trembling at the prospect of discovery, is interested in the small day-to-day banking business that he still has to do as a civil servant.

1.33 So klein, so fern war alles neben der Hauptsache.

Everything was so small, so distant from the main thing.

1.34 Es ging dann weiter bis zur Matura, durch die ich wirklich schon zum Teil nur durch Schwindel kam, und dann stockte es, jetzt war ich frei.

Then it went on until my Matura, which I really only got through in part by dizziness, and then it came to a halt, now I was free.

1.35 Hatte ich schon trotz dem Zwang des Gymnasiums mich nur um mich gekümmert, wie erst jetzt, da ich frei war.

Despite the constraints of grammar school, I had only looked after myself, but now I was free.

1.36 Also eigentliche Freiheit der Berufswahl gab es für mich nicht, ich wußte: alles wird mir gegenüber der Hauptsache genau so gleichgültig sein, wie alle Lehrgegenstände im Gymnasium, es handelt sich also darum, einen Beruf zu finden, der mir, ohne meine Eitelkeit allzusehr zu verletzen, diese Gleichgültigkeit am ehesten erlaubt.

So there was no real freedom for me to choose a profession, I knew that everything would be just as indifferent to me as all the subjects taught at grammar school, so it was a matter of finding a profession that would best allow me this indifference without offending my vanity too much.

Also war Jus das Selbstverständliche. 1.37

So Jus was the obvious choice.

Kleine gegenteilige Versuche der Eitelkeit, der 1.38
unsinnigen Hoffnung, wie vierzehntägiges
Chemiestudium, halbjähriges Deutschstudium,
verstärkten nur jene Grundüberzeugung.

Small attempts to the contrary of vanity, of nonsensical
hope, such as studying chemistry for a fortnight and
German for six months, only strengthened this basic
conviction.

Ich studierte also Jus. 1.39

So I studied law.

Das bedeutete, daß ich mich in den paar Monaten 1.40
vor den Prüfungen unter reichlicher Mitnahme
der Nerven geistig förmlich von Holzmehl nährte,
das mir überdies schon von tausenden Mäulern
vorgekaut war.

This meant that in the few months before the exams, I
literally nourished myself mentally on wood flour, which
had already been chewed by thousands of mouths.

Aber in gewissem Sinn schmeckte mir das gerade, 1.41
wie in gewissem Sinn früher auch das Gymnasium
und später der Beamtenberuf, denn das alles
entsprach vollkommen meiner Lage.

But in a certain sense I enjoyed it, just as I had enjoyed
grammar school and later the civil service, because it all
suited my situation perfectly.

Jedenfalls zeigte ich hier erstaunliche Voraussicht, 1.42
schon als kleines Kind hatte ich hinsichtlich der
Studien und des Berufes genug klare Vorahnungen.

In any case, I showed amazing foresight here, even as a
small child I had enough clear premonitions about my
studies and career.

1.43 Von hier aus erwartete ich keine Rettung,
I didn't expect to be rescued from here,

1.44 hier hatte ich schon längst verzichtet.
I had long since given up.

2.1 Gar keine Voraussicht zeigte ich aber hinsichtlich der Bedeutung und Möglichkeit einer Ehe für mich;
But I showed no foresight at all with regard to the meaning and possibility of marriage for me;

2.2 dieser bisher größte Schrecken meines Lebens ist fast vollständig unerwartet über mich gekommen.
this greatest horror of my life so far came upon me almost completely unexpectedly.

2.3 Das Kind hatte sich so langsam entwickelt,
The child had developed so slowly,

2.4 diese Dinge lagen ihm äußerlich gar zu abseits;
these things were outwardly too remote for him;

2.5 hie und da ergab sich die Notwendigkeit, daran zu denken;
here and there the necessity arose to think of it;

2.6 daß sich hier aber eine dauernde, entscheidende und sogar die erbitterteste Prüfung vorbereite, war nicht zu erkennen.
but that a lasting, decisive and even the most bitter test was preparing itself here was not to be recognized.

In Wirklichkeit aber wurden die Heiratsversuche der großartigste und hoffnungsreichste Rettungsversuch, entsprechend großartig war dann allerdings auch das Mißlingen.

2.7

In reality, however, the attempts at marriage were the greatest and most hopeful attempt at salvation, but the failure was correspondingly great.

Ich fürchte, weil mir in dieser Gegend alles mißlingt, daß es mir auch nicht gelingen wird, Dir diese Heiratsversuche verständlich zu machen.

3.1

I fear, because everything in this area is failing me, that I will not succeed in making you understand these attempts at marriage.

Und doch hängt das Gelingen des ganzen Briefes davon ab, denn in diesen Versuchen war einerseits alles versammelt, was ich an positiven Kräften zur Verfügung hatte, andererseits sammelten sich hier auch geradezu mit Wut alle negativen Kräfte, die ich als Mitergebnis Deiner Erziehung beschrieben habe, also die Schwäche, der Mangel an Selbstvertrauen, das Schuldbewußtsein, und zogen förmlich einen Kordon zwischen mir und der Heirat.

3.2

And yet the success of the whole letter depends on it, because on the one hand these attempts brought together all the positive forces I had at my disposal, and on the other hand all the negative forces that I described as a result of your upbringing - weakness, lack of self-confidence, a sense of guilt - came together here with fury and literally drew a cordon between me and the marriage.

3.3 Die Erklärung wird mir auch deshalb schwer werden,
weil ich hier alles in so vielen Tagen und Nächten
immer wieder durchdacht und durchgraben habe,
daß selbst mich jetzt der Anblick schon verwirrt.

The explanation will also be difficult for me because I have
thought and dug through everything here again and again
over so many days and nights that even the sight of it now
confuses me.

3.4 Erleichtert wird mir die Erklärung nur durch Dein
meiner Meinung nach vollständiges Mißverstehn der
Sache;

The explanation will only be made easier for me by what I
think is your complete misunderstanding of the matter;

3.5 ein so vollständiges Mißverstehn ein wenig zu
verbessern, scheint nicht übermäßig schwer.

to improve such a complete misunderstanding a little does
not seem overly difficult.

4.1 Zunächst stellst du das Mißlingen der Heiraten in die
Reihe meiner sonstigen Mißerfolge;

First of all, you place the failure of the marriages in the line
of my other failures;

4.2 dagegen hätte ich an sich nichts, vorausgesetzt,
daß Du meine bisherige Erklärung des Mißerfolgs
annimmst.

I would have nothing against that in itself, provided that
you accept my previous explanation of the failure.

Es steht tatsächlich in dieser Reihe, nur die   4.3
Bedeutung der Sache unterschätzst Du und
unterschätzst sie derartig, daß wir, wenn wir
miteinander davon reden, eigentlich von ganz
Verschiedenem sprechen.

It is indeed in this series, only you underestimate the
importance of the matter and underestimate it to such an
extent that when we talk about it together we are actually
talking about quite different things.

Ich wage zu sagen, daß Dir in Deinem ganzen   4.4
Leben nichts geschehen ist, was für Dich eine
solche Bedeutung gehabt hätte, wie für mich die
Heiratsversuche.

I dare say that nothing has happened to you in your whole
life that has had such significance for you as the attempts at
marriage have had for me.

Damit meine ich nicht, daß Du an sich nichts so   4.5
Bedeutendes erlebt hättest, im Gegenteil, Dein Leben
war viel reicher und sorgenvoller und gedrängter als
meines, aber eben deshalb ist Dir nichts Derartiges
geschehen.

By that I don't mean that you haven't experienced anything
so significant in yourself, on the contrary, your life has
been much richer and more anxious and more crowded
than mine, but that's precisely why nothing like that has
happened to you.

Es ist so, wie wenn einer fünf niedrige Treppenstufen   4.6
hinaufzusteigen hat und ein zweiter nur eine
Treppenstufe, die aber, wenigstens für ihn, so hoch
ist, wie jene fünf zusammen;

It is as if one person has to climb five low steps and another
only one step, which, at least for him, is as high as those five
together;

4.7 der erste wird nicht nur die fünf bewältigen, sondern noch hunderte und tausende weitere, er wird ein großes und sehr anstrengendes Leben geführt haben, aber keine der Stufen, die er erstiegen hat, wird für ihn eine solche Bedeutung gehabt haben, wie für den zweiten jene eine, erste, hohe, für alle seine Kräfte unmöglich zu ersteigende Stufe, zu der er nicht hinauf - und über die er natürlich auch nicht hinauskommt.

the first will not only have mastered the five, but hundreds and thousands more, he will have led a great and very strenuous life, but none of the steps he has climbed will have had such significance for him as for the second that one, first, high step, impossible for all his strength to climb, to which he cannot get up and beyond which, of course, he cannot get.

5.1 Heiraten, eine Familie gründen, alle Kinder, welche kommen, hinnehmen, in dieser unsicheren Welt erhalten und gar noch ein wenig führen, ist meiner Überzeugung nach das Äußerste, das einem Menschen überhaupt gelingen kann.

Getting married, starting a family, accepting all the children that come along, maintaining them in this uncertain world and even guiding them a little is, in my opinion, the most that a person can ever succeed in doing.

5.2 Daß es scheinbar so vielen leicht gelingt, ist kein Gegenbeweis, denn erstens gelingt es tatsächlich nicht vielen, und zweitens

The fact that so many seem to succeed easily is no proof to the contrary, for, firstly, not many actually succeed, and secondly, these not-many usually do not

5.3 ›tun‹ es diese Nichtvielen meistens nicht, sondern es

'do' it, but it merely

›geschieht‹ bloß mit ihnen; das ist zwar nicht jenes 5.4
Äußerste,

'happens' to them; this is not that utmost,

aber doch noch sehr groß und sehr ehrenvoll 5.5
(besonders da sich

but it is still very great and very honorable (especially since

›tun‹ und ›geschehn‹ nicht rein voneinander scheiden 5.6
lassen).

'doing' and 'happening' cannot be purely separated).

Und schließlich handelt es sich auch gar nicht um 5.7
dieses Äußerste, sondern nur um irgendeine ferne,
aber anständige Annäherung;

And finally, it is not at all a question of this utmost, but only
of some distant but decent approximation;

es ist doch nicht notwendig, mitten in die Sonne 5.8
hineinzufliegen, aber doch bis zu einem reinen
Plätzchen auf der Erde hinzukriechen, wo manchmal
die Sonne hinscheint und man sich ein wenig
wärmen kann.

it is not necessary to fly into the middle of the sun, but to
crawl to a pure spot on earth where the sun sometimes
shines and one can warm oneself a little.

Wie war ich nun auf dieses vorbereitet? Möglichst 6.1
schlecht.

So how was I prepared for this? As badly as possible.

Das geht schon aus dem Bisherigen hervor. 6.2

That is already clear from what has gone before.

6.3 Soweit es aber dafür eine direkte Vorbereitung des Einzelnen und eine direkte Schaffung der allgemeinen Grundbedingungen gibt,

But as far as there is a direct preparation of the individual and a direct creation of the general basic conditions,

6.4 hast Du äußerlich nicht viel eingegriffen.

you have not intervened much externally.

6.5 Es ist auch nicht anders möglich, hier entscheiden die allgemeinen geschlechtlichen Standes-, Volks - und Zeitsitten.

Nor is it possible to do otherwise; here the general sexual mores of class, people and time are decisive.

6.6 Immerhin hast Du auch da eingegriffen, nicht viel, denn die Voraussetzung solchen Eingreifens kann nur starkes gegenseitiges Vertrauen sein, und daran fehlte es uns beiden schon längst zur entscheidenden Zeit, und nicht sehr glücklich, weil ja unsere Bedürfnisse ganz verschieden waren;

Nevertheless, you did intervene there too, but not much, because the precondition for such intervention can only be strong mutual trust, and we both lacked that long ago at the decisive time, and not very happily, because our needs were quite different;

6.7 was mich packt, muß Dich noch kaum berühren und umgekehrt, was bei Dir Unschuld ist, kann bei mir Schuld sein und umgekehrt, was bei Dir folgenlos bleibt, kann mein Sargdeckel sein.

what grips me hardly needs to touch you and vice versa, what is innocence with you can be guilt with me and vice versa, what remains without consequences with you can be the lid of my coffin.

Ich erinnere mich, ich ging einmal abends mit 7.1
Dir und der Mutter spazieren, es war auf dem
Josephsplatz in der Nähe der heutigen Länderbank,
und fing dumm großtuerisch, überlegen, stolz,
kühl (das war unwahr), kalt (das war echt) und
stotternd, wie ich eben meistens mit Dir sprach,
von den interessanten Sachen zu reden an, machte
Euch Vorwürfe, daß ich unbelehrt gelassen worden
bin, daß sich erst die Mitschüler meiner hatten
annehmen müssen, daß ich in der Nähe großer
Gefahren gewesen bin (hier log ich meiner Art
nach unverschämt, um mich mutig zu zeigen, denn
infolge meiner Ängstlichkeit hatte ich keine genauere
Vorstellung von den

I remember I once went for a walk with you and my mother
in the evening, it was on Josephsplatz near the present
Länderbank, and began to talk about interesting things in a
stupidly proud, superior, cool (that was untrue), cold (that
was real) and stammering way, as I usually did with you,
and reproached you for having left me uninstructed, that
my classmates had first had to take care of me, that I had
been in the vicinity of great dangers (here I lied impudently,
as is my way, in order to show my courage, because due to
my fearfulness I had no more precise idea of the

›großen Gefahren‹), deutete aber zum Schluß an, daß 7.2
ich jetzt schon glücklicherweise alles wisse, keinen
Rat mehr brauche und alles in Ordnung sei.

'great dangers'), but finally hinted that fortunately I
now knew everything, needed no more advice and that
everything was all right.

7.3 Hauptsächlich hatte ich davon jedenfalls zu reden angefangen, weil es mir Lust machte, davon wenigstens zu reden, dann auch aus Neugierde und schließlich auch, um mich irgendwie für irgend etwas an Euch zu rächen.

Anyway, I had mainly started talking about it because I felt like at least talking about it, then also out of curiosity and finally also to somehow get back at you for something.

7.4 Du nahmst es entsprechend Deinem Wesen sehr einfach, Du sagtest nur etwa, Du könntest mir einen Rat geben, wie ich ohne Gefahr diese Dinge werde betreiben können.

You took it very simply, according to your nature, you only said, for example, that you could give me advice on how I could do these things without danger.

7.5 Vielleicht hatte ich gerade eine solche Antwort hervorlocken wollen,

Perhaps I had just wanted to elicit such an answer,

7.6 die entsprach ja der Lüsternheit des mit Fleisch und allen guten Dingen überfütterten,

which corresponded to the lustfulness of a child overfed with flesh and all good things,

7.7 körperlich untätigen, mit sich ewig beschäftigten Kindes,

physically idle, eternally preoccupied with itself,

7.8 aber doch war meine äußerliche Scham dadurch so verletzt oder ich glaubte,

but nevertheless my outward shame was so hurt by it,

7.9 sie müsse so verletzt sein,

or I believed it must be so hurt,

daß ich gegen meinen Willen nicht mehr mit Dir   7.10
darüber sprechen konnte und hochmütig frech das
Gespräch abbrach.

that I could no longer talk to you about it against my will
and haughtily and impudently broke off the conversation.

Es ist nicht leicht, Deine damalige Antwort zu   8.1
beurteilen.

It is not easy to judge your answer at that time.

einerseits hat sie doch etwas niederwerfend Offenes,   8.2
gewissermaßen Urzeitliches, andererseits ist
sie allerdings, was die Lehre selbst betrifft, sehr
neuzeitlich bedenkenlos.

On the one hand, it has something prostratingly open,
something primeval, so to speak, but on the other hand, as
far as the doctrine itself is concerned, it is very modern and
unquestioning.

Ich weiß nicht, wie alt ich damals war, viel älter als   8.3
sechzehn Jahre gewiß nicht.

I don't know how old I was at the time, certainly not much
older than sixteen.

Für einen solchen Jungen war es aber doch eine sehr   8.4
merkwürdige Antwort, und der Abstand zwischen
uns beiden zeigt sich auch darin, daß das eigentlich
die erste direkte, lebenumfassende Lehre war, die ich
von Dir bekam.

But it was a very strange answer for such a boy, and the
distance between the two of us is also shown by the fact
that this was actually the first direct, life-encompassing
teaching I received from you.

8.5 Ihr eigentlicher Sinn aber, der sich schon damals in mich einsenkte, mir aber erst viel später halb zu Bewußtsein kam, war folgender:

But its real meaning, which already sank into me at that time, but only half came to my consciousness much later, was as follows:

8.6 Das, wozu Du mir rietest, war doch das Deiner Meinung nach und gar erst meiner damaligen Meinung nach Schmutzigste, was es gab.

What you advised me to do was, in your opinion and even in my opinion at that time, the dirtiest thing there was.

8.7 Daß Du dafür sorgen wolltest, daß ich körperlich von dem Schmutz nichts nach Hause bringe, war nebensächlich, dadurch schütztest Du ja nur Dich, Dein Haus.

The fact that you wanted to make sure that I didn't bring any of the dirt home with me physically was of secondary importance, as you were only protecting yourself, your house.

8.8 Die Hauptsache war vielmehr, daß Du außerhalb Deines Rates bliebst, ein Ehemann, ein reiner Mann, erhaben über diese Dinge;

The main thing was rather that you remained outside your council, a husband, a pure man, above these things;

8.9 das verschärfte sich damals für mich wahrscheinlich noch dadurch, daß mir auch die Ehe schamlos vorkam und es mir daher unmöglich war, das, was ich Allgemeines über die Ehe gehört hatte, auf meine Eltern anzuwenden.

this was probably aggravated for me at the time by the fact that marriage also seemed shameless to me and it was therefore impossible for me to apply to my parents what I had heard in general about marriage.

Dadurch wurdest Du noch reiner, kamst noch höher.   8.10
This made you even purer, took you even higher.

Der Gedanke, daß Du etwa vor der Ehe auch Dir einen   8.11
ähnlichen Rat hättest geben können, war mir völlig
undenkbar.
The thought that you could have given yourself similar
advice before marriage was completely unthinkable to me.

So war also fast kein Restchen irdischen Schmutzes   8.12
an Dir.
So there was almost no remnant of earthly dirt on you.

Und eben Du stießest mich, so als wäre ich dazu   8.13
bestimmt, mit ein paar offenen Worten in diesen
Schmutz hinunter.
And you pushed me down into this filth with a few frank
words, as if I were destined for it.

Bestand die Welt also nur aus mir und Dir, eine   8.14
Vorstellung, die mir sehr nahelag, dann endete also
mit Dir diese Reinheit der Welt, und mit mir begann
kraft Deines Rates der Schmutz.
So if the world consisted only of me and you, an idea that
was very close to my heart, then this purity of the world
ended with you and the dirt began with me by virtue of
your advice.

An sich war es ja unverständlich, daß Du mich so   8.15
verurteiltest, nur alte Schuld und tiefste Verachtung
Deinerseits konnten mir das erklären.
In itself it was incomprehensible that you condemned me
like that, only old guilt and the deepest contempt on your
part could explain it to me.

Und damit war ich also wieder in meinem innersten   8.16
Wesen angefaßt,
And so I was again touched in my innermost being,

8.17 und zwar sehr hart.

and very hard at that.

9.1 Hier wird vielleicht auch unser beider
Schuldlosigkeit am deutlichsten.

This is perhaps where the guiltlessness of both of us
becomes clearest.

9.2 A gibt dem B einen offenen, seiner Lebensauffassung
entsprechenden, nicht sehr schönen, aber doch
auch heute in der Stadt durchaus üblichen,
Gesundheitsschädigungen vielleicht verhindernden
Rat.

A gives B open advice that corresponds to his view of life,
is not very nice, but is still quite common in the city today
and may prevent damage to his health.

9.3 Dieser Rat ist für B moralisch nicht sehr stärkend,
aber warum sollte er sich aus dem Schaden nicht im
Laufe der Jahre herausarbeiten können, übrigens
muß er ja dem Rat gar nicht folgen, und jedenfalls
liegt in dem Rat allein kein Anlaß dafür, daß über B
etwa seine ganze Zukunftswelt zusammenbricht.

This advice is not very morally strengthening for B, but
why shouldn't he be able to work his way out of the damage
over the years, incidentally he doesn't have to follow the
advice, and in any case the advice alone is no reason for B's
whole future world to collapse.

9.4 Und doch geschieht etwas in dieser Art, aber eben nur
deshalb, weil A Du bist und B ich bin.

And yet something like this happens, but only because
A is you and B is me.

Diese beiderseitige Schuldlosigkeit kann ich auch 10.1
deshalb besonders gut überblicken, weil sich ein
ähnlicher Zusammenstoß zwischen uns unter ganz
anderen Verhältnissen etwa zwanzig Jahre später
wieder ereignet hat, als Tatsache grauenhaft, an und
für sich allerdings viel unschädlicher, denn wo war
da etwas an mir Sechsunddreißigjährigem, dem noch
geschadet werden konnte.

I can also see this mutual blamelessness particularly
well because a similar clash between us happened again
about twenty years later under completely different
circumstances, as a fact horrible, but in itself much less
harmful, because where was there anything about me at
the age of thirty-six that could still be harmed.

Ich meine damit eine kleine Aussprache an einem 10.2
der paar aufgeregten Tage nach Mitteilung meiner
letzten Heiratsabsicht.

I'm referring to a little conversation on one of the few
excited days after I had announced my last intention to
marry.

Du sagtest zu mir etwa: 10.3

You said to me something like:

»Sie hat wahrscheinlich irgendeine ausgesuchte 10.4
Bluse angezogen, wie das die Prager Jüdinnen
verstehn, und daraufhin hast Du Dich natürlich
entschlossen, sie zu heiraten.

"She probably put on some fancy blouse, as the Jewish
women of Prague understand it, and then of course you
decided to marry her.

Und zwar möglichst rasch, in einer Woche, morgen, 10.5
heute.

And as quickly as possible, in a week, tomorrow, today.

10.6 Ich begreife Dich nicht, Du bist doch ein erwachsener Mensch, bist in der Stadt, und weißt Dir keinen andern Rat als gleich eine Beliebige zu heiraten.

I don't understand you, you're an adult, you're in the city, and you don't know any other way than to marry someone you like.

10.7 Gibt es da keine anderen Möglichkeiten?

Are there no other options?

10.8 Wenn Du Dich davor fürchtest,

If you're afraid of that,

10.9 werde ich selbst mit Dir hingehn.«

I'll go with you myself."

10.10 Du sprachst ausführlicher und deutlicher, aber ich kann mich an die Einzelheiten nicht mehr erinnern, vielleicht wurde mir auch ein wenig nebelhaft vor den Augen, fast interessierte mich mehr die Mutter, wie sie, zwar vollständig mit Dir einverstanden, immerhin etwas vom Tisch nahm und damit aus dem Zimmer ging.

You spoke in more detail and more clearly, but I can no longer remember the details, perhaps I was a little foggy in front of my eyes, I was almost more interested in the mother, how she, although she completely agreed with you, at least took something from the table and left the room with it.

11.1 Tiefer gedemütigt hast Du mich mit Worten wohl kaum und deutlicher mir Deine Verachtung nie gezeigt.

You have hardly humiliated me more with words and you have never shown me your contempt more clearly.

Als Du vor zwanzig Jahren ähnlich zu mir   11.2
gesprochen hattest, hätte man darin mit Deinen
Augen sogar etwas Respekt für den frühreifen
Stadtjungen sehen können, der Deiner Meinung
nach schon so ohne Umwege ins Leben eingeführt
werden konnte.

Twenty years ago, when you spoke to me in a similar
way, your eyes might even have shown some respect for
the precocious city boy who, in your opinion, could be
introduced to life without any detours.

Heute könnte diese Rücksicht die Verachtung nur   11.3
noch steigern, denn der Junge, der damals einen
Anlauf nahm, ist in ihm steckengeblieben und
scheint Dir heute um keine Erfahrung reicher,
sondern nur um zwanzig Jahre jämmerlicher.

Today, this respect could only increase your contempt,
because the boy who made a start back then got stuck in it
and today seems to you to be no richer in experience, but
only twenty years more miserable.

Meine Entscheidung für ein Mädchen bedeutete Dir   11.4
gar nichts.

My decision for a girl meant nothing to you.

Du hattest meine Entscheidungskraft (unbewußt)   11.5
immer niedergehalten und glaubtest jetzt
(unbewußt) zu wissen, was sie wert war.

You had always (unconsciously) held down my power of
decision and now (unconsciously) thought you knew what
it was worth.

11.6 Von meinen Rettungsversuchen in anderen Richtungen wußtest Du nichts, daher konntest Du auch von den Gedankengängen, die mich zu diesem Heiratsversuch geführt hatten, nichts wissen, mußtest sie zu erraten suchen und rietst entsprechend dem Gesamturteil, das Du über mich hattest, auf das Abscheulichste, Plumpste, Lächerlichste.

You knew nothing of my attempts to save myself in other directions, so you could not know anything about the thoughts that had led me to this attempt at marriage, you had to try to guess them and guessed in accordance with the overall judgment you had of me, in the most despicable, plump, ridiculous way.

11.7 Und zögertest keinen Augenblick, mir das auf ebensolche Weise zu sagen.

And you did not hesitate for a moment to tell me so in the same way.

11.8 Die Schande, die Du damit mir antatest, war Dir nichts im Vergleich zu der Schande, die ich Deiner Meinung nach Deinem Namen durch die Heirat machen würde.

The dishonor you did to me was nothing compared to the dishonor you thought I would do to your name by marrying you.

Kapitel 7

Chapter 7

1.1 Nun kannst Du ja hinsichtlich meiner Heiratsversuche manches mir antworten und hast es auch getan:

Now you can answer me many things about my attempts at marriage, and you have done so:

1.2 Du könntest nicht viel Respekt vor meiner Entscheidung haben, wenn ich die Verlobung mit F. zweimal aufgelöst und zweimal wieder auf genommen habe, wenn ich dich und die Mutter nutzlos zu der Verlobung nach Berlin geschleppt habe und dergleichen.

you couldn't have much respect for my decision if I broke off the engagement with F. twice and resumed it twice, if I dragged you and your mother to Berlin for the engagement in vain and the like.

1.3 Das alles ist wahr, aber wie kam es dazu?

All that is true, but how did it come about?

2.1 Der Grundgedanke beider Heiratsversuche war ganz korrekt:

The basic idea of both marriage attempts was quite correct:

einen Hausstand gründen, selbständig werden. 2.2
to set up a household, to become independent.

Ein Gedanke, der Dir ja sympathisch ist, nur daß es 2.3
dann in Wirklichkeit so ausfällt wie das Kinderspiel,
wo einer die Hand des anderen hält und sogar preßt
und dabei ruft:
An idea that you like, except that in reality it turns out like
the children's game where one holds the other's hand and
even squeezes it, shouting:

»Ach geh doch, geh doch, warum gehst Du nicht?« 2.4
"Oh go on, go on, why don't you go?"

Was sich allerdings in unserem Fall dadurch 2.5
kompliziert hat, daß Du das
In our case, however, this is complicated by the fact that
you have always meant the

»geh doch!« 2.6
"Go away!"

seit jeher ehrlich gemeint hast, da Du ebenso seit 2.7
jeher, ohne es zu wissen, nur kraft Deines Wesens
mich gehalten oder richtiger niedergehalten hast.
honestly, since you have also always held me, or more
correctly held me down, without knowing it, only by virtue
of your nature.

Beide Mädchen waren zwar durch den Zufall, 3.1
Both girls were chosen by chance,

aber außerordentlich gut gewählt. 3.2
but extraordinarily well.

3.3 Wieder ein Zeichen Deines vollständigen Mißverstehns, daß Du glauben kannst, ich, der Ängstliche, Zögernde, Verdächtigende entschließe mich mit einem Ruck für eine Heirat, etwa aus Entzücken über eine Bluse.

It is another sign of your complete misunderstanding that you can believe that I, the timid, hesitant, suspicious one, would decide to marry in one fell swoop, perhaps out of delight over a blouse.

3.4 Beide Ehen wären vielmehr Vernunftehen geworden, soweit damit gesagt ist, daß Tag und Nacht, das erste Mal Jahre, das zweite Mal Monate, alle meine Denkkraft an den Plan gewendet worden ist.

On the contrary, both marriages would have been marriages of convenience, in so far as it is said that day and night, the first time years, the second time months, all my thinking power was turned to the plan.

4.1 Keines der Mädchen hat mich enttäuscht,

None of the girls disappointed me,

4.2 nur ich sie beide.

only I disappointed them both.

4.3 Mein Urteil über sie ist heute genau das gleiche wie damals, als ich sie heiraten wollte.

My judgment of them today is exactly the same as it was when I wanted to marry them.

5.1 Es ist auch nicht so, daß ich beim zweiten Heiratsversuch die Erfahrungen des ersten Versuches mißachtet hätte, also leichtsinnig gewesen wäre.

Nor is it the case that I disregarded the experiences of the first attempt at marriage in my second attempt, that I was reckless.

Die Fälle waren eben ganz verschieden, gerade die früheren Erfahrungen konnten mir im zweiten Fall, der überhaupt viel aussichtsreicher war, Hoffnung geben. 5.2

The cases were quite different, and it was the earlier experiences that gave me hope in the second case, which was much more promising.

Von Einzelheiten will ich hier nicht reden. 5.3

I don't want to talk about details here.

Warum also habe ich nicht geheiratet? 6.1

So why didn't I get married?

Es gab einzelne Hindernisse wie überall, aber im Nehmen solcher Hindernisse besteht ja das Leben. 6.2

There were individual obstacles, as there are everywhere, but life consists of overcoming such obstacles.

Das wesentliche, vom einzelnen Fall leider unabhängige Hindernis war aber, daß ich offenbar geistig unfähig bin zu heiraten. 6.3

But the main obstacle, unfortunately independent of the individual case, was that I am obviously mentally incapable of getting married.

Das äußert sich darin, daß ich von dem Augenblick an, in dem ich mich entschließe zu heiraten, nicht mehr schlafen kann, der Kopf glüht bei Tag und Nacht, es ist kein Leben mehr, ich schwanke verzweifelt herum. 6.4

This manifests itself in the fact that from the moment I decide to get married, I can no longer sleep, my head burns day and night, there is no more life, I sway around in despair.

6.5 Es sind das nicht eigentlich Sorgen, die das verursachen, zwar laufen auch entsprechend meiner Schwerblütigkeit und Pedanterie unzählige Sorgen mit, aber sie sind nicht das Entscheidende, sie vollenden zwar wie Würmer die Arbeit am Leichnam, aber entscheidend getroffen bin ich von anderem.

It's not actually worries that cause this, there are countless worries that go along with my heavy-bloodedness and pedantry, but they are not the decisive factor, they complete the work on the corpse like worms, but I am decisively affected by something else.

6.6 Es ist der allgemeine Druck der Angst, der Schwäche, der Selbstmißachtung.

It is the general pressure of fear, of weakness, of self-contempt.

7.1 Ich will es näher zu erklären versuchen:

Let me try to explain it in more detail:

7.2 Hier beim Heiratsversuch trifft in meinen Beziehungen zu Dir zweierlei scheinbar Entgegengesetztes so stark wie nirgends sonst zusammen.

Here, in my attempt to marry you, two seemingly contradictory things come together more strongly than anywhere else.

7.3 Die Heirat ist gewiß die Bürgschaft für die schärfste Selbstbefreiung und Unabhängigkeit.

Marriage is certainly the guarantee of the greatest self-liberation and independence.

Ich hätte eine Familie, das Höchste, was man meiner   7.4
Meinung nach erreichen kann, also auch das Höchste,
das Du erreicht hast, ich wäre Dir ebenbürtig, alle
alte und ewig neue Schande und Tyrannei wäre bloß
noch Geschichte.

I would have a family, the highest thing one can achieve
in my opinion, therefore also the highest thing you have
achieved, I would be your equal, all old and eternally new
shame and tyranny would merely be history.

Das wäre allerdings märchenhaft,   7.5

That would be fabulous,

aber darin liegt eben schon das Fragwürdige. Es ist zu   7.6
viel,

but therein lies the questionable aspect. It is too much,

so viel kann nicht erreicht werden.   7.7

so much cannot be achieved.

Es ist so, wie wenn einer gefangen wäre und er hätte   7.8
nicht nur die Absicht zu fliehen, was vielleicht
erreichbar wäre, sondern auch noch und zwar
gleichzeitig die Absicht, das Gefängnis in ein
Lustschloß für sich umzubauen.

It is as if someone were imprisoned and not only had the
intention of escaping, which might be achievable, but also
the intention of turning the prison into a pleasure palace
for himself.

Wenn er aber flieht, kann er nicht umbauen, und   7.9
wenn er umbaut, kann er nicht fliehen.

But if he escapes, he cannot rebuild, and if he rebuilds, he
cannot escape.

7.10 **Wenn ich in dem besonderen Unglücksverhältnis, in welchem ich zu Dir stehe, selbständig werden will, muß ich etwas tun, was möglichst gar keine Beziehung zu Dir hat –**

If I want to become independent in the special relationship of misfortune in which I stand to you, I must do something that has as little relationship to you as possible –

7.11 **das Heiraten ist zwar das Größte und gibt die ehrenvollste Selbständigkeit,**

marriage is indeed the greatest and gives the most honorable independence,

7.12 **aber es ist auch gleichzeitig in engster Beziehung zu Dir.**

but at the same time it is also in the closest relationship to you.

7.13 **Hier hinauskommen zu wollen, hat deshalb etwas von Wahnsinn, und jeder Versuch wird fast damit gestraft.**

To want to get out of it is therefore something of madness, and every attempt is almost punished by it.

8.1 **Gerade diese enge Beziehung lockt mich ja teilweise auch zum Heiraten.**

It is precisely this close relationship that partly tempts me to get married.

Ich denke mir diese Ebenbürtigkeit, die dann zwischen uns entstehen würde und die Du verstehen könntest wie keine andere, eben deshalb so schön, weil ich dann ein freier, dankbarer, schuldloser, aufrechter Sohn sein, Du ein unbedrückter, untyrannischer, mitfühlender, zufriedener Vater sein könntest.

8.2

I imagine this equality, which would then develop between us and which you could understand like no other, to be so beautiful precisely because I could then be a free, grateful, blameless, upright son and you could be an unpressured, untyrannical, compassionate, contented father.

Aber zu dem Zweck müßte eben alles Geschehene ungeschehen gemacht, das heißt wir selbst ausgestrichen werden.

8.3

But for this purpose, everything that has happened would have to be undone, that is, we ourselves would have to be erased.

So wie wir aber sind, ist mir das Heiraten dadurch verschlossen, daß es gerade Dein eigenstes Gebiet ist.

9.1

But the way we are, marriage is closed to me because it is your own territory.

Manchmal stelle ich mir die Erdkarte ausgespannt und Dich quer über sie hin ausgestreckt vor.

9.2

Sometimes I imagine the map of the earth spread out and you stretched out across it.

Und es ist mir dann, als kämen für mein Leben nur die Gegenden in Betracht, die Du entweder nicht bedeckst oder die nicht in Deiner Reichweite liegen.

9.3

And then it seems to me as if only the areas that you either do not cover or that are not within your reach could be considered for my life.

9.4 Und das sind entsprechend der Vorstellung, die ich von Deiner Größe habe, nicht viele und nicht sehr trostreiche Gegenden und besonders die Ehe ist nicht darunter.

And according to the idea I have of your greatness, these are not many and not very comforting areas and marriage in particular is not one of them.

10.1 Schon dieser Vergleich beweist, daß ich keineswegs sagen will, Du hättest mich durch Dein Beispiel aus der Ehe, so etwa wie aus dem Geschäft, verjagt.

This comparison alone proves that I by no means mean to say that you drove me out of marriage, as you did out of business, by your example.

10.2 Im Gegenteil, trotz aller fernen Ähnlichkeit.

On the contrary, despite all the distant similarities.

10.3 Ich hatte in Eurer Ehe eine in vielem mustergültige Ehe vor mir, mustergültig in Treue, gegenseitiger Hilfe, Kinderzahl, und selbst als dann die Kinder groß wurden und immer mehr den Frieden störten, blieb die Ehe als solche davon unberührt.

In your marriage I had before me a marriage that was exemplary in many respects, exemplary in fidelity, mutual help, number of children, and even when the children grew up and increasingly disturbed the peace, the marriage as such remained unaffected.

10.4 Gerade an diesem Beispiel bildete sich vielleicht auch mein hoher Begriff von der Ehe;

Perhaps it was precisely this example that formed my high concept of marriage;

daß das Verlangen nach der Ehe ohnmächtig war, hatte eben andere Gründe.   10.5

there were other reasons why the desire for marriage was impotent.

Sie lagen in Deinem Verhältnis zu den Kindern,   10.6

They lay in your relationship with the children,

von dem ja der ganze Brief handelt.   10.7

which is what the whole letter is about.

Es gibt eine Meinung, nach der die Angst vor der Ehe manchmal davon herrührt, daß man fürchtet, die Kinder würden einem später das heimzahlen, was man selbst an den eigenen Eltern gesündigt hat.   11.1

There is an opinion that the fear of marriage sometimes stems from the fear that one's children will later pay one back for what one has sinned against one's own parents.

Das hat, glaube ich, in meinem Fall keine sehr große Bedeutung, denn mein Schuldbewußtsein stammt ja eigentlich von Dir und ist auch zu sehr von seiner Einzigartigkeit durchdrungen, ja dieses Gefühl der Einzigartigkeit gehört zu seinem quälenden Wesen, eine Wiederholung ist unausdenkbar.   11.2

I don't think that has much significance in my case, because my sense of guilt actually comes from you and is also too imbued with its uniqueness, indeed this feeling of uniqueness is part of its tormenting nature, a repetition is unthinkable.

11.3 Immerhin muß ich sagen, daß mir ein solcher
stummer, dumpfer, trockener, verfallener
Sohn unerträglich wäre, ich würde wohl, wenn
keine andere Möglichkeit wäre, vor ihm fliehen,
auswandern, wie Du es erst wegen meiner Heirat
machen wolltest.

Nevertheless, I must say that such a mute, dull, dry,
decayed son would be unbearable to me, I would probably
flee from him if there were no other possibility, emigrate,
as you wanted to do first because of my marriage.

11.4 Also mitbeeinflußt mag ich bei meiner
Heiratsunfähigkeit auch davon sein.

So I may also be influenced by my inability to marry.

12.1 Viel wichtiger aber ist dabei die Angst um mich.

But much more important is the fear for me.

12.2 Das ist so zu verstehn:

That is to be understood in this way:

12.3 Ich habe schon angedeutet, daß ich im Schreiben
und in dem, was damit zusammenhängt, kleine
Selbständigkeitsversuche, Fluchtversuche mit
allerkleinstem Erfolg gemacht, sie werden kaum
weiterführen, vieles bestätigt mir das.

I have already indicated that in writing and in everything
connected with it I have made small attempts at
independence, attempts to escape with the tiniest
success, they will hardly lead any further, much confirms
this to me.

Trotzdem ist es meine Pflicht oder vielmehr 12.4
es besteht mein Leben darin, über ihnen zu
wachen, keine Gefahr, die ich abwehren kann,
ja keine Möglichkeit einer solcher Gefahr an sie
herankommen zu lassen.

Nevertheless, it is my duty, or rather it is my life, to watch
over them, not to let any danger that I can ward off, indeed
not to let any possibility of such a danger get to them.

Die Ehe ist die Möglichkeit einer solchen Gefahr, 12.5
allerdings auch die Möglichkeit der größten
Förderung, mir aber genügt, daß es die Möglichkeit
einer Gefahr ist.

Marriage is the possibility of such a danger, though also the
possibility of the greatest encouragement, but it is enough
for me that it is the possibility of a danger.

Was würde ich dann anfangen, wenn es doch eine 12.6
Gefahr wäre!

What would I do if it were a danger after all!

Wie könnte ich in der Ehe weiterleben in dem 12.7
vielleicht unbeweisbaren,

How could I continue to live in the marriage in the perhaps
unprovable,

aber jedenfalls unwiderleglichen Gefühl dieser 12.8
Gefahr!

but in any case irrefutable feeling of this danger!

Demgegenüber kann ich zwar schwanken, aber der 12.9
schließliche Ausgang ist gewiß, ich muß verzichten.

I can waver in the face of it, but the final outcome is certain,
I must renounce it.

12.10 Der Vergleich von dem Sperling in der Hand und der Taube auf dem Dach paßt hier nur sehr entfernt.

The comparison of the sparrow in the hand and the dove on the roof is only remotely appropriate here.

12.11 In der Hand habe ich nichts,

I have nothing in my hand,

12.12 auf dem Dach ist alles und doch muß ich –

everything is on the roof and yet I must –

12.13 so entscheiden es die Kampfverhältnisse und die Lebensnot –

as the circumstances of the struggle and the necessity of life decide –

12.14 das Nichts wählen.

choose nothing.

12.15 Ähnlich habe ich ja auch bei der Berufswahl wählen müssen.

I had to make a similar choice when I chose my profession.

Das wichtigste Ehehindernis aber ist die   13.1
schon unausrottbare Überzeugung, daß zur
Familienerhaltung und gar zu ihrer Führung
alles das notwendig gehört, was ich an Dir
erkannt habe, und zwar alles zusammen,
Gutes und Schlechtes, so wie es organisch in
Dir vereinigt ist, also Stärke und Verhöhnung
des anderen, Gesundheit und eine gewisse
Maßlosigkeit, Redebegabung und Unzulänglichkeit,
Selbstvertrauen und Unzufriedenheit mit jedem
anderen, Weltüberlegenheit und Tyrannei,
Menschenkenntnis und Mißtrauen gegenüber
den meisten, dann auch Vorzüge ohne jeden
Nachteil wie Fleiß, Ausdauer, Geistesgegenwart,
Unerschrockenheit.

The most important obstacle to marriage, however, is the
already ineradicable conviction that everything I have
recognized in you is necessary for the preservation of the
family and even for its leadership, and indeed everything
together, good and bad, as it is organically united in you,
i.e. strength and mockery of the other, health and a
certain intemperance, eloquence and inadequacy, self-
confidence and dissatisfaction with everyone else, worldly
superiority and tyranny, knowledge of human nature and
distrust of most people, then also advantages without any
disadvantage, such as diligence, perseverance, presence of
mind, fearlessness.

Von alledem hatte ich vergleichsweise fast nichts   13.2
oder nur sehr wenig und damit wollte ich zu heiraten
wagen, während ich doch sah, daß selbst Du in der
Ehe schwer zu kämpfen hattest und gegenüber den
Kindern sogar versagtest?

Of all this I had comparatively little or almost none, and
with this I dared to marry, while I saw that even you had to
struggle hard in marriage and even failed in your dealings
with the children?

13.3 Diese Frage stellte ich mir natürlich nicht ausdrücklich und beantworte sie nicht ausdrücklich, sonst hätte sich ja das gewöhnliche Denken der Sache bemächtigt und mir andere Männer gezeigt, welche anders sind als Du (um in der Nähe einen von Dir sehr verschiedenen zu nennen:

Of course I did not ask myself this question expressly and I did not answer it expressly, otherwise ordinary thinking would have taken possession of the matter and shown me other men who are different from you (to name one very different from you:

13.4 Onkel Richard) und doch geheiratet haben und wenigstens darunter nicht zusammengebrochen sind,

Uncle Richard) and yet have married and at least have not broken down under it,

13.5 was schon sehr viel ist und mir reichlich genügt hätte.

which is already a great deal and would have been quite enough for me.

13.6 Aber diese Frage stellte ich eben nicht,

But I didn't ask this question,

13.7 sondern erlebte sie von Kindheit an.

I experienced it from childhood.

13.8 Ich prüfte mich ja nicht erst gegenüber der Ehe,

I didn't test myself first in the face of marriage,

13.9 sondern gegenüber jeder Kleinigkeit;

but in the face of every little thing;

gegenüber jeder Kleinigkeit überzeugtest Du mich   13.10
durch Dein Beispiel und durch Deine Erziehung, so
wie ich es zu beschreiben versucht habe, von meiner
Unfähigkeit, und was bei jeder Kleinigkeit stimmte
und Dir recht gab, mußte natürlich ungeheuerlich
stimmen vor dem Größten, also vor der Ehe.

in the face of every little thing you convinced me by your
example and by your upbringing, as I have tried to describe
it, of my inability, and what was true in every little thing
and proved you right, had of course to be monstrously true
before the greatest thing, that is, before marriage.

Bis zu den Heiratsversuchen bin ich aufgewachsen   13.11
etwa wie ein Geschäftsmann, der zwar mit Sorgen
und schlimmen Ahnungen, aber ohne genaue
Buchführung in den Tag hineinlebt.

Until the attempts at marriage, I grew up like a
businessman who lives into the day with worries and
bad forebodings, but without precise bookkeeping.

Er hat ein paar kleine Gewinne, die er infolge ihrer   13.12
Seltenheit in seiner Vorstellung immerfort hätschelt
und übertreibt, und sonst nur tägliche Verluste.

He has a few small profits, which he constantly cherishes
and exaggerates in his mind due to their rarity, and
otherwise only daily losses.

Alles wird eingetragen, aber niemals bilanziert.   13.13

Everything is entered, but never balanced.

Jetzt kommt der Zwang zur Bilanz,   13.14

Now comes the compulsion to balance the books,

das heißt der Heiratsversuch.   13.15

i.e. the attempt at marriage.

13.16 Und es ist bei den großen Summen, mit denen hier zu rechnen ist, so, als ob niemals auch nur der kleinste Gewinn gewesen wäre, alles eine einzige große Schuld.

And with the large sums to be reckoned with here, it is as if there had never been even the smallest profit, everything is one big debt.

13.17 Und jetzt heirate, ohne wahnsinnig zu werden!

And now get married without going mad!

14.1 So endet mein bisheriges Leben mit Dir,

This is how my life with you has ended so far,

14.2 und solche Aussichten trägt es in sich für die Zukunft.

and it holds such prospects for the future.

15.1 Du könntest, wenn Du meine Begründung der Furcht, die ich vor Dir habe, überblickst, antworten:

You could, when you realize my reason for the fear I have of you, answer:

15.2 »Du behauptest, ich mache es mir leicht, wenn ich mein Verhältnis zu Dir einfach durch Dein Verschulden erkläre, ich aber glaube, daß Du trotz äußerlicher Anstrengung es Dir zumindest nicht schwerer, aber viel einträglicher machst.

"You claim that I make it easy for myself when I explain my relationship with you simply through your fault, but I believe that you, despite your outward efforts, at least do not make it more difficult for you, but much more profitable.

Zuerst lehnst auch Du jede Schuld und
Verantwortung von Dir ab, 15.3
At first you also reject all guilt and responsibility,

darin ist also unser Verfahren das gleiche. 15.4
so our procedure is the same.

Während ich aber dann so offen, wie ich es auch
meine, die alleinige Schuld Dir zuschreibe, willst Du
gleichzeitig 15.5
But while I then as openly as I mean it attribute the sole
blame to you, you want to be

›übergescheit‹ und ›überzärtlich‹ 15.6
'over-smart' and 'over- tender'

sein und auch mich von jeder Schuld freisprechen. 15.7
at the same time and absolve me of all blame.

Natürlich gelingt Dir das letztere nur scheinbar
(mehr willst Du ja auch nicht), und es ergibt sich
zwischen den Zeilen trotz aller 15.8
Of course, you only seem to succeed in the latter (that's all
you want), and it emerges between the lines, despite all the

›Redensarten‹ 15.9
'idioms'

von Wesen und Natur und Gegensatz und
Hilflosigkeit, daß eigentlich ich der Angreifer
gewesen bin, während alles, was Du getrieben hast,
nur Selbstwehr war. 15.10
of essence and nature and opposition and helplessness, that
I was actually the aggressor, while everything you did was
just self-defense.

15.11 Jetzt hättest Du also schon durch Deine Unaufrichtigkeit genug erreicht, denn Du hast dreierlei bewiesen, erstens daß Du unschuldig bist, zweitens daß ich schuldig bin und drittens daß Du aus lauter Großartigkeit bereit bist, nicht nur mir zu verzeihn, sondern, was mehr und weniger ist, auch noch zu beweisen und es selbst glauben zu wollen, daß ich, allerdings entgegen der Wahrheit, auch unschuldig bin.

So now you have already achieved enough through your insincerity, for you have proved three things, firstly that you are innocent, secondly that I am guilty and thirdly that out of sheer magnificence you are prepared not only to forgive me but also, what is more and less, to prove and want to believe that I am also innocent, albeit contrary to the truth.

15.12 Das könnte Dir jetzt schon genügen,

That could be enough for you now,

15.13 aber es genügt Dir noch nicht.

but it is not enough for you yet.

15.14 Du hast es Dir nämlich in den Kopf gesetzt, ganz und gar von mir leben zu wollen.

You have taken it into your head to want to live entirely from me.

15.15 Ich gebe zu, daß wir miteinander kämpfen, aber es gibt zweierlei Kampf.

I admit that we are fighting with each other, but there are two kinds of fight.

Den ritterlichen Kampf, wo sich die Kräfte
selbständiger Gegner messen, jeder bleibt für sich,
verliert für sich, siegt für sich.

15.16

The chivalrous fight, where the forces of independent
opponents measure themselves, each remaining for
himself, losing for himself, winning for himself.

Und den Kampf des Ungeziefers, welches
nicht nur sticht, sondern gleich auch zu seiner
Lebenserhaltung das Blut saugt.

15.17

And the fight of the vermin, which not only stings, but also
sucks blood to sustain itself.

Das ist ja der eigentliche Berufssoldat und das
bist Du.

15.18

That is the real professional soldier and that is you.

Lebensuntüchtig bist Du;

15.19

You are unfit for life;

um es Dir aber darin bequem, sorgenlos und ohne
Selbstvorwürfe einrichten zu können, beweist Du,
daß ich alle Deine Lebenstüchtigkeit Dir genommen
und in meine Taschen gesteckt habe.

15.20

but in order to be able to make yourself comfortable,
carefree and without self-reproach, you prove that I have
taken all your vitality from you and put it in my pockets.

Was kümmert es Dich jetzt, wenn Du
lebensuntüchtig bist, ich habe ja die Verantwortung.

15.21

What does it matter to you now if you are unfit to live, I
have the responsibility.

Du aber streckst Dich ruhig aus und läßt Dich,
körperlich und geistig, von mir durchs Leben
schleifen.

15.22

But you stretch out quietly and let me drag you through life,
physically and mentally.

15.23 **Ein Beispiel:**
An example:

15.24 **Als Du letzthin heiraten wolltest, wolltest Du, das gibst Du ja in diesem Brief zu, gleichzeitig nicht heiraten, wolltest aber, um Dich nicht anstrengen zu müssen, daß ich Dir zum Nichtheiraten verhelfe, indem ich wegen der ›Schande‹, die die Verbindung meinem Namen machen würde, Dir diese Heirat verbiete.**
when you wanted to get married last time, you wanted, as you admit in this letter, not to get married at the same time, but in order not to have to make an effort, you wanted me to help you not to get married by forbidding you to marry because of the 'disgrace' the marriage would bring to my name.

15.25 **Das fiel mir nun aber gar nicht ein.**
But that didn't occur to me at all.

15.26 **Erstens wollte ich Dir hier wie auch sonst nie ›in Deinem Glück hinderlich sein‹, und zweitens will ich niemals einen derartigen Vorwurf von meinem Kind zu hören bekommen.**
Firstly, I never wanted to 'hinder your happiness' here or anywhere else, and secondly, I never want to hear such a reproach from my child.

15.27 **Hat mir aber die Selbstüberwindung, mit der ich Dir die Heirat freistellte, etwas geholfen?**
But did the self-conquest with which I gave you the freedom to marry help me?

15.28 **Nicht das Geringste.**
Not the slightest.

Meine Abneigung gegen die Heirat hätte sie nicht 15.29
verhindert, im Gegenteil, es wäre an sich noch ein
Anreiz mehr für Dich gewesen, das Mädchen zu
heiraten, denn der

My aversion to marriage would not have prevented it; on
the contrary, it would have been even more of an incentive
for you to marry the girl, because the

›Fluchtversuch‹, wie Du Dich ausdrückst, wäre ja 15.30
dadurch vollkommen geworden.

'escape attempt', as you put it, would have been complete.

Und meine Erlaubnis zur Heirat hat Deine Vorwürfe 15.31
nicht verhindert, denn Du beweist ja, daß ich auf
jeden Fall an Deinem Nichtheiraten schuld bin.

And my permission to marry did not prevent your
reproaches, because you prove that I am definitely to blame
for your not marrying.

Im Grunde aber hast Du hier und in allem anderen 15.32
für mich nichts anderes bewiesen, als daß alle meine
Vorwürfe berechtigt waren und daß unter ihnen
noch ein besonders berechtigter Vorwurf gefehlt
hat, nämlich der Vorwurf der Unaufrichtigkeit, der
Liebedienerei, des Schmarotzertums.

Basically, however, here and in everything else you have
proved to me nothing other than that all my reproaches
were justified and that among them one particularly
justified reproach was still missing, namely the reproach of
insincerity, of servility, of parasitism.

Wenn ich nicht sehr irre, 15.33

If I am not very much mistaken,

schmarotzest Du an mir auch noch mit diesem Brief 15.34
als solchem.«

you are still parasitizing on me with this letter as such. "

16.1 Darauf antworte ich, daß zunächst dieser ganze
Einwurf, der sich zum Teil auch gegen Dich kehren
läßt, nicht von Dir stammt, sondern eben von mir.

To this I reply that, first of all, this whole objection, which
can also be partly turned against you, does not come from
you, but from me.

16.2 So groß ist ja nicht einmal Dein Mißtrauen gegen
andere, wie mein Selbstmißtrauen, zu dem Du mich
erzogen hast.

Not even your distrust of others is as great as my self-
distrust, to which you have educated me.

16.3 Eine gewisse Berechtigung des Einwurfes, der ja
auch noch an sich zur Charakterisierung unseres
Verhältnisses Neues beiträgt, leugne ich nicht.

I do not deny a certain justification for the objection,
which in itself contributes to the characterization of our
relationship.

16.4 So können natürlich die Dinge in Wirklichkeit nicht
aneinanderpassen, wie die Beweise in meinem Brief,
das Leben ist mehr als ein Geduldspiel;

In reality, of course, things cannot fit together like the
evidence in my letter, life is more than a game of patience;

16.5 aber mit der Korrektur, die sich durch diesen
Einwurf ergibt, einer Korrektur, die ich im einzelnen
weder ausführen kann noch will, ist meiner Meinung
nach doch etwas der Wahrheit so sehr Angenähertes
erreicht, daß es uns beide ein wenig beruhigen und
Leben und Sterben leichter machen kann.

but with the correction that results from this objection, a
correction that I neither can nor want to go into in detail,
in my opinion something so close to the truth has been
achieved that it can reassure us both a little and make life
and death easier.

Franz

17.1

Franz

Möwenstein Books

www.mowenstein.com

Renowned Authors

H. G. Wells · Ernest Hemingway
H. P. Lovecraft · Lewis Carroll
Franz Kafka · Friedrich Nietzsche
Albert Einstein · Oscar Wilde
Hans Christian Andersen

Notable Works

Frankenstein · *Alice in Wonderland*
Heart of Darkness · *The Great Gatsby*
Siddhartha · *The Metamorphosis*
Thus Spoke Zarathustra

Translation Services

We offer translation services in various languages, including German, Spanish, Chinese, Korean, Arabic, and more. For custom translations or revisions, please contact us at:

Email: translation@mowenstein.com

Our Collections

Franz Kafka Collection

- *The Metamorphosis / Die Verwandlung*
- *The Trial / Der Prozess*
- *The Castle / Das Schloss*
- *and many more...*

Pakt mit dem Teufel

- *Faust Parts I & II* by Johann Wolfgang von Goethe
- *Doctor Faustus* by Christopher Marlowe

Portraits of Irishmen

- *The Picture of Dorian Gray* by Oscar Wilde
- *A Portrait of the Artist as a Young Man* by James Joyce

Children's Classics

- *Winnie-the-Pooh / Pu der Bär*
- *Brothers Grimm Fairy Tales*
- *Fairy Tales Told for Children*
    - Author: Hans Christian Andersen

Visit Us

At Möwenstein Books, we are committed to providing high-quality bilingual editions of classic works. Explore our collections and discover more titles across various genres and languages.

Website: www.mowenstein.com